MZ공무원은 도대체 왜 퇴사할까?

MZ 공무원은 도대체 왜 퇴사할까?

퇴사 후 창업으로 성공한 사업가의 행복 찾기

초 판 1쇄 2024년 10월 02일

지은이 비티오(김은수)
펴낸이 류종렬

펴낸곳 미다스북스
본부장 임종익
편집장 이다경, 김가영
디자인 윤가희, 임인영
책임진행 이예나, 김요섭, 안채원

등록 2001년 3월 21일 제2001-000040호
주소 서울시 마포구 양화로 133 서교타워 711호
전화 02) 322-7802~3
팩스 02) 6007-1845
블로그 http://blog.naver.com/midasbooks
전자주소 midasbooks@hanmail.net
페이스북 https://www.facebook.com/midasbooks425
인스타그램 https://www.instagram.com/midasbooks

ⓒ 비티오(김은수), 미다스북스 2024, *Printed in Korea.*

ISBN 979-11-6910-838-6 03190

값 18,500원

미다스북스는 다음세대에게 필요한 지혜와 교양을 생각합니다.

MZ 공무원은 도대체 왜 퇴사할까?

퇴사 후 창업으로 성공한 사업가의 행복 찾기

비티오(김은수) 지음

미다스북스

추천사

직장생활을 30년 가까이 한 나에게 그는 풍차를 향해 무모하게 돌진하는 돈키호테처럼 보였습니다. 새롭고 어려운 업무를 마주하는 데 두려움이 없었고, 오히려 그런 상황에서 재밌는 놀이를 즐기는 듯 보이는 이해할 수 없는 사람이었기에, 그런 그가 자신이 원하는 삶의 목표가 생겼다고 주저 없이 직장을 떠났을 때 함께하던 동료들은 아무도 놀라지 않았습니다.

작가가 공무원을 그만두기 전 2년 동안 함께 일하면서, 우리 팀에서 발생하는 수많은 어렵고 복잡한 민원을 처리할 때에도 불평보다는 자신을 발전시킬 수 있는 소중한 기회로 생각하고 즐겁게 일하는 작가의 태도를 보면서 나의 젊은 날을 되돌아보곤 했습니다.

달빛이 푸르던 내 젊은 시절 아름다운 노래와 영화의 주인공처럼 화려하고 멋진 인생을 꿈꾸었지만, 현실은 뜻대로 되지 않아 쉽게 허물어지는 모래성과 같았습니다. 젊음의 시간들이 어떻게 나의 곁에서 달아나는지 이제야 보이는 나이가 되었지만, 그때의 내 청춘을 다시 돌려받을 수 있다면 한 번쯤은 그처럼 두려움 없이 목표를 향해 돌진하는 삶을 살아보고 싶습니다.

이 책에는 저자가 공무원으로서 가장 힘든 일을 처리하면서도 기쁘게 일할 수 있었던 놀라운 비결이 담겨있습니다. 퇴근하고 싶은 끔찍한 직장이 아니라 출근하고 싶은 행복한 직장 환경을 만드실 수 있는 힘을 드립니다. 도전을 꿈꾸지만 방황하는 젊은 공무원과 직장인 여러분들에게 이 책을 읽어보시기를 권합니다.

| 이기철 팀장 서울특별시 은평구청 팀장, 저자 공무원 재직 당시 담당 팀장

저자는 공무원으로 일할 때도 팀 내에서 누구보다 긍정적이고 열정적이고 행복해 보였습니다. 동료 팀원으로서 옆에서 보기만 해서는 어떻게 그럴 수 있었는지 참 궁금했습니다. 그러나 이 책을 읽어보니 이해가 됩니다. 이 책을 통해서 퇴사를 원하는 공직자께서는 가장 완벽한 퇴사 가이드를 얻을 수 있을 것이고, 퇴사를 원하지 않는 공직자라도 지금 있는 그 자리에서 행복하게 공무원 생활을 이어갈 수 있는 비결을 얻으실 수 있을 겁니다.

| 이성준 주무관 서울특별시 은평구청 주무관, 저자 공무원 재직 당시 동료 팀원

우리 삶에는 사랑과 일 두 가지 영역이 존재합니다. 사랑으로 가족을 이루고 일과 직업으로 꽃을 피웁니다. 사람들은 직업을 선택하고 일해서 돈을 법니다. 일의 종류는 잘할 수 있는 일과 좋아하는 일로 구별할 수 있습니다. 대부분의 사람들은 돈을 벌기 위해서 직업을 찾습니다. 저자 비티오 또한 수많은 아르바이트 경험부터 남들이 다 부러워하는 구청 공무원 일까지 돈을 벌기 위해 직업을 선택했습니다. 그리고 공무원이었을 때도 성실하게 행복하게 일들을 잘 해냈습니다.

저자 비티오는 칭찬받는 모범 공무원으로 잘 살아왔지만 어느 날 내면의 목소리를 듣게 됩니다. "지금도 행복하지만 세상에서 가장 행복한 사람이 되고 싶어!" 내적 자아와 대화한 그는 세상 사람들이 부러워하는 공무원직을 내려놓고 퇴사하기로 결정합니다. '평범함을 벗어나서(Break The Ordinary)' 자신이 좋아하는 일을 하면서 사는 멋진 청년 비티오 작가는 이제 '비범을 세우는 삶(Build The Original)'을 살고 있습니다.

이 책에는 평범했던 한 명의 공무원이 비범한 삶으로 나아가는 인생 전환 이야기가 담겼습니다. 저자 비티오의 존재 자체를 행복의 아이콘으로 추천합니다. 이 책은 저자가 추구하는 가치인 이타주의적 삶의 위대함을 잘 알려줍니다. 이타주의적 삶의 가치를 실현함으로써 우리는 더 행복한 삶으로 나아갑니다. 저자 비티오는 소설 『그리스인 조르바』 속 한 구절을 강조합니다. '나를 구하는 유일한 길은 남을 구하려 애쓰는 것이다.' 독자님들 모두 이 책과 함께 더 행복한 인생을 맞이하실 거라 확신합니다.

| 조남희 (전)건양대 교수 (현) JOY 행복상담원장 미라클 가족세우기 인도자
베스트셀러 『오늘부터 자아실현 꽃피우자』 저자

저자가 무슨 생각을 하며 사는지 궁금했다. 대화를 나눌 때마다 '어떻게 저런 마인드를 지닐 수 있지?'라는 물음표가 떠올랐기 때문이었다. 저자는 금방 내게 '배울 점 많고 고마운 귀인'이 되어 있었다. 궁금했다. 짧은 시일 내에 귀인이 될 수 있는 방법이 무엇일까? 그 비법이 이곳에 담겨있다. 나는 이 책을 통해 세상을 살아가는 방법을 깨달았다. 그의 앞날이 훨씬 기대된다. 그는 내게 더욱 놓치지 말아야 할 귀인이 되었다. 삶의 지혜, 인생의 돌파구를 찾고 싶다면 이 책을 결코 놓쳐서는 안될 것이다. 단단함과 반짝임을 지닌 그를 만나면, 당신의 마인드가 달라질 거라 기대한다.

| 도무지 『넘어지면 어때, 툭툭 털고 일어나면 되지』 저자

공무원은 여전히 안정적인 직업으로 각광을 받습니다. 직업 수명이 길다는 점과 공무원 연금이 나온다는 매력이 있습니다. 비티오 작가는 그 공무원을 3년 만에 박차고 자기 사업을 하고 있는 인물입니다. 직업마다 요구되는 기질과 성향이 있습니다. 비티오 작가는 조직 내에서 맡은 일을 충실히 하는 것보다는 자기 책임 아래 새로운 일을 창조하는 일을 선호한다는 사실을 공무원 생활을 하면서 깨닫게 되었습니다. 그는 창조성과 자유를 위해 조직 밖으로 나왔습니다. 물론 장고를 거듭한 뒤에 내린 결정입니다. 지금은 스스로 행복하다고 자부할 수 있는 인생을 살아가고 있습니다. 나의 힘으로 나아간다는 것은 자아실현과 가까운 삶이기 때문입니다.

우리 저마다 품고 있던 꿈이 있을지 모릅니다. 그 꿈이 현재 직업과 연계가 된다면 현상 유지도 좋습니다. 혹시 개인의 포부과 현재 직업과 관련이 없는 경우 그대로 현 상황을 유지할지 변화를 꾀하고 새로운 세계로 도전할지 결정을 해야 합니다. 도전에 생의 의미가 숨겨져 있습니다. 도전을 선택한 비티오 작가는 자신의 고민과 변화 과정을 담담하게 본서에 담아내고 있습니다.

퇴직을 한 후 무자본으로 사업을 어떻게 일궜는지, 어떻게 이 책을 펴내게 되었는지 그 이야기가 전개됩니다. 또한 현재 사업을 하면서 공무원 생활을 하면서 익혔던 능력과 기술이 도움된다고 말합니다. 독자 여러분들도 현재 활용하고 있는 직장 내 업무 능력과 스킬이 언제든, 어디든 요긴하게 쓰일 수 있다는 생각으로 본인의 실력을 강화하면 좋겠습니다. 상황이 어떻든 본신의 능력은 나 자신에게 귀속되어 있으니 말이죠.

저자는 비티오라는 퍼스널브랜드를 구축하고 있습니다. 사업을 진행하는 과정 중에 도움이 되었던 도구를 강조합니다. 첫 번째는 무엇보다 독서입니다. 그는 퇴직 전후로 1년 동안 132권의 책을 읽었습니다. 두 번째는 글쓰기입니다. 나 자신을 알릴 뿐만 아니라 내 안에 깃들어 있는 지식과 지혜를 세상 밖으로 펼쳐보이는 데 글쓰기만 한 도구는 없습니다. 그는 1년 동안 집필 작업까지 병행하며 전자책 7권과 이번 종이책 한 권까지 마쳤습니다. 블로그에 1,000개의 글을 쓴 것은 덤입니다.

안정적인 공무원 생활을 박차고 나온 사유와 무자본 창업으로 자립하는 과정이 본서에 서술되어 있습니다. 이 책을 선택한 독자분은 현재 직업을 계속할지, 다른 이상을 추구할지 고민이 많을 분일 가능성이 큽니다. 비티오 작가의 경험담과 조언을 들어보세요. 고민이 궁리로 이어져 현명한 선택을 하는데 본서는 도움이 될 겁니다.

| 임진강(데미안) 『처음으로 공부가 재밌어졌다』 저자

들어가는 말

안녕하세요. 은평구청 행정지원과 인사팀입니다.
2018년 서울특별시 지방공무원 공개경쟁 임용시험에 당당히 합격하신 임용후보자 여러분들, 진심으로 축하드립니다. 그동안 고생 많으셨습니다. 2018년 11월30일 14시 은평구청 6층 기획상황실에서 임용후보자를 위한 오리엔테이션이 예정되어 있으니, 모두 참석하여 주시기 바랍니다.

은평구청 행정지원과

공무원 시험에 합격하면 인사 담당자가 이런 메일을 보냅니다. 메일을 받은 예비 공무원들의 심정은 어떨까요? 지난 2~3년간 식음을 전폐하고 공부했던 지난 날들을 떠올릴 겁니다. 그리고 기쁨과 감격에 겨워할 거라 어렵지 않게 예상할 수 있습니다. 100대 1 경쟁률을 뚫으려 공부했던 지난날을 떠올리면서!

물론 힘들게 공부하는 자식을 물심양면 지원해주신 부모님의 심정 또한 마찬가지입니다. 경기 불황 시기, 자녀가 정년이 보장된 안정적 직장에 들어가게 되었다면요. '이제 더 이상 걱정 없구나!' 눈물을 훔치며 기쁜 마음으로 자녀의 첫 출근을 기다리시지 않을까요?

　이런저런 과정을 거쳐 임용후보자들은 정식으로 공무원이 되었습니다. 그렇게 출근을 하고 일을 시작합니다. 처음 한두 달 공무원 생활은 기쁜 마음으로 해냅니다. 모두를 위하는 공익의 대변자로서! 자부심을 품고 일합니다.

　그러나 반년이 지나고, 일 년이 지나고, 햇수가 늘어가면서 조금씩 상황이 달라집니다. 처음에는 그저 기쁜 마음으로 출근하기만 했던 직장 내 풍경! 조금씩 달라지기 시작합니다. 지금까지 상상하지도, 겪어보지도 못했던 놀라운 일들이 공무원 세상에는 도사리고 있었습니다. 그 놀라운 일이란 예를 들면 이렇습니다. **욕지거리를 아무렇지도 않게 내뱉는 민원인, 막무가내로 떼쓰는 민원인, 자기 뜻대로 되지 않자 청사에서 멋대로 난동 피우는 민원인, 고래고래 소리를 지르는 민원인, 그리고 아무런 대처도 할 수 없는 나.** 이런 장면도 목격합니다. 막무가내로 떼쓰며 난동 피우는 민원인을 피해 슬그머니 자리를 비우는 팀장님. 아무도 도와주지 않는 옆 사람들.
　평소 즐겁게 이야기 나누며 친하게 지내던 옆 동료 직원들도 마찬가지입니다. 내가 한참을 시달리며 쩔쩔매고 있는 사이 모른 척하며 싹

사라져 버렸습니다. 홀로 민원인과 씨름을 벌입니다. 결국 온갖 방법을 써서 일단 되돌려 보내는 데는 성공했네요.

그러면 **하루가 이제부터 시작입니다.** 시계를 보니 5시 55분, 퇴근 5분 전입니다. 나를 제외한 주위 사람들은 전부 하루 일과를 마무리하고 퇴근 준비 중입니다. 반면 나는 아까 민원인이 오기 전 처리하던 일이 산더미처럼 쌓여 있습니다. 퇴근은 엄두도 못 냅니다. 저녁도 못 먹고 허겁지겁 오늘까지 처리해야 하는 일을 끝내면, 빨라야 저녁 8시 정도가 될 것 같습니다. 집까지 가는데 지하철로 1시간이 걸리니 아무리 빨라도 집에 가면 9시입니다. 저녁 먹고 씻으면 10시입니다. 하루가 이렇게 그냥 지나가 버립니다.

구청에서 일하던 시절, 주변에서 이런 이야기를 듣곤 했습니다.

애, 이거 정신병원 좀 가 봐야 돼.

어떤 동료 직원은 이렇게 말하기도 했습니다.

내가 정신병원 잘 아는 곳 하나 있으니까, 소개해 줄게. 꼭 가봐.

왜 이런 말을 듣는 지경에 이르렀을까요? 그럴 법하지 않나요? 2년이고 3년이고 죽어라 공부해서 겨우 들어간 직장에서 마주친 현실이 생각보다 만만치 않았다면, 그래서 좌절하고 있는 한 명의 사회 초년 생 입장이라면요. 이런 말을 들을 정도로 정신이 피폐해지는 것도 그 다지 이상한 일이 아닐 수 있습니다.

그러나 실상은 이렇습니다.

이 세상에서 저보다 행복한 사람은 없을 걸요?
만약 있다면… 아마도 예수님이나 부처님 정도?

공무원 시절에 주변 동료들에게 종종 이런 말을 하곤 했습니다. 이 렇게 떠벌리고 다니니 어느 날 팀장님께서 그러더군요.

애, 이거 정신병원 좀 가 봐야 돼.

직장 내 언어폭력 아니냐고요? 걱정하지 않으셔도 됩니다. 비난하 는 뉘앙스는 전혀 아니었으니까요. 그보다는 감탄에 가까웠습니다.
공직 생활의 암담한 실태를 말하다가 난데없이 웬 세상에서 가장 행 복한 사람 타령이냐고요? 그 행복이 거짓 행복에 지나지 않았다는 사 실을 이제는 깨달았기 때문입니다.

이 책은 거짓 행복에 빠져 살아가던 한 MZ세대 공무원이 스스로의 거짓된 과거를 깨닫고 진짜 행복을 찾아 나선 이야기입니다. 거짓을 깨닫게 된 이야기와 그때 겪은 충격을 담습니다. 진실한 행복을 쫓아 안정적인 직장을 호기롭게 뛰쳐나온 이야기도 전합니다. 정글과도 같은 사회에서 맨땅에 헤딩한 초보 사업가 이야기도 물론 담았습니다. 무자본 창업에 도전해서 홀로 고군분투하며 좌충우돌 이뤄낸 성취 이야기까지 풀어냈습니다. 잘 맞지 않는 공직 사회에서, 한걸음 더 나아가 공직 사회뿐만 아니라 잘 맞지 않는 어떤 직장에서든 고민하시는 모든 분들이 이 이야기에서 희망을 찾으시기를 바라는 마음으로 글을 적습니다.

목차

2부 퇴사 후 자립, 세상에서 가장 행복해지다

4장 세상에서 가장 행복해지는 필수 마음

5장 세상에서 가장 행복해지는 필수 습관

1부

공무원
퇴사
이야기

1장

공무원 퇴사 후,
무자본 창업으로
자립하기

1) 정신병원 괜찮은 곳 소개해 줄게, 꼭 가봐

이 세상에 저보다 행복한 사람은 없을 걸요?

만약에 있다면… 예수님이나 부처님 정도?

일반행정 공무원 3년 10개월. 서울 은평구청에서 일하던 시절, 함께 일하는 동료들에게 위와 같이 말하고 다녔습니다. 그 정도로 재미난 직장생활을 했습니다. 하는 일 자체도 마음에 들었습니다. 함께 일하는 동료들 한 명 한 명 모두 함께 일하기 좋은 사람들뿐이었습니다. 그래서 종종 위와 같이 약간 돈 듯한 말을 자연스레 하곤 했습니다. 그러면 이 책 추천사를 써주신 팀장님께서는 이렇게 말씀하셨습니다.

애, 이거 정신병원 한 번 가봐야 돼. ㅋㅋㅋ

주변 사람들은 미쳤다고 비웃었습니다. 그러나 주변 사람들이 뭐라고 하든 간에 스스로를 세상에서 가장 행복한 1인이라 생각하며 살아왔습니다. 과장은 없습니다. 제 인생은 누구보다 행복하고 즐거웠습니다.

여러분들께서는 어린시절을 돌아보면 어떠신가요? 저는 놀이터에서 친구들과 술래잡기를 하며 행복하게 뛰어놀았던 기억이 떠오릅니다. 마음이 훈훈합니다. 학창시절에는 사랑하는 동네 골목을 거닐던 기억, 쉬는 시간에 친구들과 왁자지껄 떠들던 기억, 따스한 저녁노을 속 오솔길을 따라 집에 돌아가는 추억, 가족들과 저녁 식탁에 둘러앉아 도란도란 이야기한 추억, 그런 아름다운 추억들이 떠오릅니다. 마음이 따뜻합니다. 인생 언제 어디서든 행복하고 즐거웠던 추억만 가득합니다. '난 참 행복했구나!' 만사가 고맙습니다.

인생에 후회도 없습니다. 누구나 인생에서 중대 결정을 합니다. 예를 들면 진로 선택처럼요. 그런 중대 결정마다 후회하는 선택을 한 적이 없습니다. 진학, 전공 선택, 진로 선택, 인생 중요한 선택들을 나름 잘 해냈습니다. 후회는 없습니다. 물론 점심 먹을 때 '짜장면 말고 짬뽕 먹을걸….' 사소한 후회야 종종 합니다만 어디까지나 그 정도입니다. 인생 향방을 좌지우지하는 선택의 기로에서 후회되는 선택을 한 적은 없었습니다.

심지어 운도 좋았습니다. 과거를 뒤돌아보면 무슨 일이든 기대보다 훨씬 좋은 성과를 거두곤 했습니다. 공무원 시험도 대부분 2~3년 공부해도 붙을까 말까 하던 시절, 저는 9개월만 공부하고 합격했습니다.

또 생애 곳곳 만나는 사람마다 좋은 사람뿐이었습니다. 보통 항간에 '**사람을 조심해야 한다. 가족 빼고는 전부 적이다.**'와 같은 경고성 발언들이 떠돌아다닙니다. 그러나 제 인생에는 그런 말들이 전혀 적용되지 않습니다. 도대체 그들이 어디에 숨어 있는지 궁금할 따름입니다.

그러나 지금 나열한 모든 행복은 거짓이었습니다. 어느 날 두개골을 쪼개는 듯한 충격과 함께 제 인생은 생전 겪어본 적 없던 거대 폭풍 소용돌이에 휩쓸립니다.

2) 생애 가장 당황스러운 눈물

평소 눈물이 없는 편입니다. 어느 슬픈 영화나 드라마를 봐도 울지 않습니다. 남들이 바로 옆에서 대성통곡을 할 때조차 한 방울 눈물을 흘린 적 없습니다. 그러나 2022년 낙엽 떨어지는 가을 어느 날, 생전 겪어본 적 없는 괴상한 충격을 겪습니다. 그 충격은 두개골을 쪼개고 두뇌를 깊게 찌르는 듯했습니다. 그 충격을 시작으로 제 인생은 폭풍 소용돌이에 휘말렸습니다.

공무원으로 일한 지 만 3년이 되던 때까지 저는 충실한 공무원으로서 성공하고 싶었습니다. 그래서 퇴근하고 쌍코피까지 흘려가며 야간 대학원에서 공부했습니다. 대학원을 막 졸업한 때 폭풍 전야가 시작됩니다.

졸업한 직후에는 '이제 쌍코피 흘릴 일 없구나!' 기뻤습니다. 더 이상 퇴근하고 학교 가서 새벽 3시까지 죽도록 공부하지 않아도 되니까요. 그래서 이제 '공부 핑계로 미뤄왔던 독서에 전력을 기울여보자!' 다짐했습니다. 그렇게 영차영차 책을 읽어 나가고 있었습니다. '참 괴상한 충격'이란 그 와중 마주친 한 권 책에서 비롯됩니다. 2022년 가을, 우연히 읽은 자기계발서 속 짤막한 구절에서 소용돌이는 시작됐습니다.

김승호 저자의 『알면서도 알지 못하는 것들』이라는 책은 이렇게 말합니다.

'남들이 모두 안 된다고 말리거나 포기한 꿈을 이뤄라!'
'장애물은 꿈의 크기가 아니다.'
'정말 당신이 그 꿈을 원하는가이다.'

언뜻 봐서는 별거 아닌 문장입니다. 그러나 이 문장들은 제 두뇌 가장 깊은 곳을 찔렀습니다. 그 충격은 두개골이 박살 나고 두뇌를 강타하는 듯했습니다. 별것도 아닌 책 속 단 한 문장이 말입니다.

눈물이 폭발했습니다. 그 별것도 아닌 문장을 읽고서 이유를 알 수 없는 눈물이 도저히 주체할 수 없는 눈물이 솟구쳤습니다. 당황스러웠습니다. 당황스러울 수밖에 없었던 이유는 3가지입니다.

첫째, 당시에는 왜 그렇게 눈물이 나는지 전혀 알 수가 없었기 때문이고,

둘째, 태어나서 그렇게 심하게 울어본 적이 없었기 때문이고,

셋째, 이 책은 심금을 울리는 감동 스토리의 소설책이 전혀 아니었기 때문입니다.

이 책은 감동 스토리는커녕 성공한 사업가가 쓴 자기계발서입니다. 그것도 어려운 철학서에 가까운 자기계발서입니다. 이런 책을 읽고 이유도 알 수 없는 눈물을 터뜨리다니! 심지어 태어나 가장 심한 눈물을 터뜨리게 되다니! 당황하지 않을 수 없었습니다.

그 의미가 도대체 뭘까, 기나긴 고민을 시작했습니다. 거의 1년 동안 고민하고 나서야 그 의미를 알아차렸습니다. **위로와 공감**이었습니다.

저는 어렸을 적부터 독특한 꿈이 있었습니다. 어른들이 하라는 일보다는 내가 좋아하는 일을 하며 꿈처럼 살고 싶었습니다. 그러나 한 번도 공감받지 못했습니다. 그래서 어렸을 적부터 많이 외로웠습니다. 왜냐하면 부모님, 선생님, 어른들, 그리고 친구들 대부분이 손가락질했기 때문입니다.

너는 잘못됐어!

왜냐하면 그들과 달랐기 때문입니다. 이런 말을 평생 지겹도록 들었습니다.

'네가 뭘 하고 싶은지 따위는 중요하지 않다.'
'안정적인 직업을 가져라.'

'안 그러면 사람 취급도 못 받고 산다.'
'밥벌이도 못 해먹고 산다.'
'그렇게 살면 무시받는다.'

'네가 어려서 뭘 모르는 거다.'
'네까짓 게 뭘 아냐.'
'어른 말 들어라.'

'네가 어려서 모르는 세상을 모르는 거다.'
'그런 건 망상에 불과하다.'
'고생길 훤하다.'

꿈을 이야기했을 때 주변 사람들의 반응입니다. 나름 꿈을 이야기하면 항상 무시받기 일쑤였습니다. 제 꿈은 항상 특별했습니다. 특별하게 살고 싶었습니다. 한때는 음악가가 되고 싶었습니다. 어느 때는 세상에 도움을 주는 사회복지사가 되고 싶었던 적도 있습니다. 그러나 누구도 특별한 꿈에 공감하거나 응원해주지 않았습니다.

그러나 이 문장은 달랐습니다. 다른 사람이 보지 못하는 비전을 기꺼이 품으라는 응원이었습니다. 특별한 꿈을 당당히 이뤄서 남들과 다른 자신의 능력을 증명해 보이라는 독려였습니다. 생애 처음 누군가가 내 편을 들어줬습니다.

특별하게 살고 싶다는 욕망은 30년 평생 마음속 깊이 억눌려 있었습니다. 그 욕구를 너무나 오랜 시절 무시하고 외면하고 억누르며 살아왔습니다. 주변 사람들 반대를 이겨 내지 못했던 겁니다. 두려움도 이겨 내지 못했던 겁니다.

3) 가짜 행복 뒤, 거짓된 과거

나보다 행복한 사람은 없을 거라 호언장담하던 과거는 **거짓이었습니** 다. 생애 처음 괴상한 눈물을 흘리고 나서야 알아차렸습니다. 자신 있 게 부르짖던 행복이란 가짜였습니다. 내면에서 올라오는 진짜 마음의 소리를 무시하고 살아왔습니다. 실패할까 봐 두려웠습니다. 용기가 부족했습니다. 남들이 하는 말에 휘둘렸습니다. 내면의 진실된 목소 리를 억눌렀습니다.

'남들이 모두 안 된다고 말리거나 포기한 꿈을 이뤄라!'

짧은 문장이 깨달음으로 이끌었습니다. 거짓 행복에 짓눌려 마음 속 에 꽁꽁 실타래처럼 묶여 있던 진짜 욕망! 그 억눌린 실타래가 책 속 단 한 구절 때문에 한순간에 풀려버렸던 겁니다. 모든 과거 억눌림, 두려움, 어리석음, 모든 것이 뒤섞인 감정의 실타래였습니다.

'아, 지금까지 잘못 살았구나!'

그 풀림은 갈비뼈를 부술 듯, 심장을 꿰뚫을 듯, 통렬했습니다. '더 이상은 그렇게 살지 말자!' 새롭게 살아보자는 강한 결심으로 이끌렸습니다. 공무원으로서 평생 안정적으로 살 거라는 거짓 희망은 이때부터 흔들흔들 가을 낙엽처럼 흔들리기 시작합니다. 새로운 미래 가능성을 찾아 헤매기 시작합니다.

4) MZ 공무원은 도대체 왜 퇴사할까?

퇴사 촉진 요인 1 : 시대에 뒤처질 수 없다

스스로 거짓을 알아차리고 두뇌를 찌르는 충격에 시달렸습니다. 엎친 데 덮친 격! 2024년 현재 격변하는 시대 상황도 저로 하여금 퇴사를 마음먹도록 부추겼습니다.

하루 자고 일어나면 챗GPT 다음 버전이 나와 세상을 놀라게 하는 2024년! 직장 환경도 격변하고 있습니다. 직방이라는 부동산 중개 플랫폼 회사는 직원들이 출근할 장소 자체를 없애버렸다는 소식도 들려왔습니다. 전 직원이 메타버스에서 일할 수 있게 하겠다는 소식이었습니다. 지옥철 출퇴근은 조선시대 이야기처럼 구닥다리 시대 유물이될 날이 머지않을 수 있습니다. 100% 전 직원이 원격근무하는 회사! 더 이상 영화 속 이야기가 아닙니다. 뿐만 아니라 식당에서는 손님들이 '왜 비트코인으로 결제를 못하는 거냐?' 구시렁댈 날이 채 10년도 남지 않았다는 소식도 들려옵니다.

대학생 시절, 구글코리아에서 개최한 '미래사회 기업 모습' 특강에 참석했습니다. 강의를 들었던 때가 2019년이니, 지금은 그로부터 5년이나 지났습니다. 그럼에도 불구하고 강의 내용이 아직도 잊히지가 않습니다.

이제 누구도 문서를 꾸미는 일 따위는 하지 않습니다.

'구글코리아에서는 클라우드 기술을 업무에 적극 활용합니다. 전 직원이 자기 직무와 관련이 없더라도, 회사 내 모든 문서를 전부 열람할 수 있습니다. 실시간으로 직접 수정할 수도 있습니다.'

'내 직무와 직접 관련이 없더라도 좋은 아이디어가 떠오르면, 즉시 의견을 적을 수도 있습니다. 이게 미래사회 기업입니다. 상상을 초월하는 효율성으로 일할 수 있습니다.'

이게 21세기입니다. 최고봉은 단연 인공지능입니다. 제가 한창 퇴사를 할까 말까 고민하던 시기는 2023년 상반기! '챗GPT'라는 인공지능 친구가 막 세상에 모습을 드러낸 때였습니다.

최초로 제대로 된 AI가 세상에 나왔다!

한창 난리였습니다. 이 글을 쓰고 있는 지금도 막 챗GPT 새로운 버전이 나와서 난리입니다.(챗GPT 4o) 저도 이 새로운 버전의 인공지능을 잘 활용하고 있습니다. 그 발전 속도가 무시무시할 정도로 빠르다는 사실을 몸소 느끼고 있습니다. 실제로 두렵기까지 합니다.

제가 퇴사를 결심하게 된 데에는 이런 시대 환경도 큰 역할을 했습니다. 세상은 이토록 무서운 속도로 변하고 있는데 공무원 세상에 오래 있다가는 '시대에 심각하게 뒤처질 수밖에 없겠다!' 위기감을 느낄 수밖에 없었습니다. 독자님께서 공무원이시라면 아마 격하게 공감하실 겁니다. 공무원 조직에서는 2024년 현재에도 6 · 25 시절 구닥다리 업무 방식이 고집되고 있습니다.

공무원 세상에서는 아직도 종이 우편물을 쓰는가 하면(이메일은 어디 두고?), 업무에 클라우드 활용? 그런 건 상상도 못합니다. 아직도 많은 공무원들이 A4 용지를 인쇄해서 6 · 25 시대에 만들어졌을 법한 결재판을 겨드랑이 사이에 끼고서 여기저기 분주하게 뛰어다니고 있습니다.

공직 사회에서 사랑받는 6·25 시대 결재판

이런 구닥다리 업무 방식이 10년이고 20년이고 오래 유지될 거라는 예감을 떨칠 수 없었습니다. 아무래도 공공조직은 세상 변화를 가장 느리게 수용할 수밖에 없을 테니까요.

물론 이런 관행이 잘못됐다고 말하고 싶지는 않습니다. 공무원들이라고 해서 그러고 싶어서 그러는 건 아니라는 사실도 잘 알고 있습니다. 공무원이란 혁신을 일으키기보다는 사회 안정을 유지해야 합니다. 따라서 변화에 느리게 대응할 수밖에 없다는 사실도 이해가 됩니다. 그럼에도 불구하고 '내가 그런 환경 속에서 시대에 뒤처져 썩어야 한다?' 그건 받아들일 수가 없었습니다. 시대에 뒤처지는 게 아니라 시대를 이끌고 싶었습니다. 이런 욕구 또한 퇴사를 촉진하는 한 요인이었습니다.

퇴사 촉진 요인 2: 큰물에서 놀고 싶다

당신은 작은 연못에서 가장 큰 물고기인가? 그렇다면 게을러지고 있는 것이다. 『집착의 법칙』, 그랜트 카돈, 부키

작은 연못 안의 큰 물고기! 성공한 비즈니스맨 그랜트 카돈의 『집착의 법칙』에 나오는 표현입니다. 큰 사람이 되고자 한다면 작은 연못 속 큰 물고기가 되지 말라! 회사에서 내가 가장 일을 잘 한다면? 또는 내 주변 사람들 전부를 통틀어서 내가 가장 뛰어나다면? 나는 '작은 연못 안 큰 물고기'입니다.

'작은 연못 안의 큰 물고기'가 된 기분은 정확히 제가 과거의 거짓 행복을 깨닫고서 퇴사를 고민할 당시의 기분이기도 했습니다. 퇴사를 결심한 데에는 작은 연못 안의 큰 물고기로 남고 싶지 않았던 심정도 컸습니다.

저는 뭘 하든 집요하게 달려들어서 끝장을 보는 성격입니다. 그게 일이든, 공부이든, 취미이든 가리지 않습니다. 특히 일에 대해서는 더 심합니다. 일중독에 가깝습니다. 무슨 일이 닥치든 가능한 모든 시간과 자원을 총동원해서 무조건 해결해 내는 악이 있습니다. 그렇게 열

심히 해서 수당을 더 받는지 못 받는지, 야근을 해야 하는지 안 해도 되는지, 건강을 해치는지 해치지 않는지는 저한테 전혀 중요하지 않습니다. 일을 해결할 수 있는지 없는지만이 중요할 뿐입니다.

　공무원으로 일하면서도 맡은 일을 해내려고 새벽 2~3시까지 수당도 받지 않고 일했습니다. 어느 날, 시간이 너무 늦는 바람에 집에 돌아가기에는 시간이 너무 부족하다 싶었던 적도 있었습니다. 그런 날은 사무실에서 당직용 침대를 깔고 새우잠을 자기도 했습니다. 그렇게 일하면서도 퇴근하고 나서는 대학원에서 공부하던 시기였는지라 지나치게 피로했는지 쌍코피를 흘렸던 때가 많습니다. 그렇게 일하다 보니 어느 순간 자연스럽게 스스로 작은 연못에 갇힌 것 같다는 느낌을 받을 수밖에 없었습니다.

　한 명의 구청 공무원으로서 이룰 수 있는 성공보다 압도적으로 거대한 성공을 이루고 싶다는 생각이 들기 시작했습니다. 그럴만한 능력도 자격도 충분하다! 스스로를 향한 강한 믿음 또한 충만했습니다. 구청이라는 작은 연못을 벗어나서 더 큰 연못을 찾아야겠다는 마음은 저를 돌이킬 수 없는 퇴사의 길로 이끌었습니다.

5) 퇴사하겠다! 그 굳은 결심까지의 과정

퇴사하고 새 삶을 살겠다! 마음은 굳혔지만서도, 진짜 퇴사 실행은 결코 만만치 않았습니다. 공무원이라는 직업은 특히 '평생 직장', '정년 보장' 그 느낌이 너무나 강한 직업이니 말입니다. 퇴사하겠다고 말하기 무섭게 온갖 의심과 반대와 조롱의 대상이 되기 일쑤였습니다.

나도 20년 전에 너처럼 퇴사하겠다고 설쳤었지….

그래서 퇴사했냐고? 퇴사했으면 너한테 이러고 말하고 있겠냐? ㅋㅋ

A 팀장

마치 보장된 아까운 인생을 버리는 게 아니냐는 식으로 말하는 사람도 많았습니다. 그도 그럴 것이 제가 공직에 입직한 때는 공무원 시험 경쟁률이 100대 1이 넘어가던 시절이었습니다. 말 그대로 공무원 열풍이었죠. 그렇게 공부하고서 들어간 직장을 제 발로 걸어 나온다는 게 아깝지 않느냐는 반응이었습니다.

스스로 느끼기에도 심리적인 저항이 상당했습니다. 이성적인 머리로는 '퇴사하는 게 맞다!' 결론을 확실히 내려놓고서도, 마음 깊은 곳 동물적 본능은 받아들이지를 못했습니다. 합리적 이성 VS 동물적 본능, 그 충돌을 체험하는 순간이었습니다.

그럼에도 불구하고 어리석은 동물적 본능은 억눌러야 했습니다. 본능 억누르기 전략으로, 주위에 동네방네 떠벌리기 시작했습니다. **'나 올해 7월 1일자로 퇴사합니다!'** 그러나 진짜로 사직서를 내야 할 시기가 다가오니 또 망설이게 되는 겁니다! 반년 가까이 고뇌에 고뇌를 또 거듭했습니다. 태어나서 이렇게 고민을 오래했던 적이 없습니다.

제가 D-DAY로 삼은 날은 정기인사날, 2023년 7월 1일! 이날로 퇴사를 확정하기 위해서는 5월 중에 공식 공문으로서 자필 서명이 들어간 사직원을 제출해야 했습니다. 당시 제가 일하던 사무실은 6층이었고, 공문을 제출하기 위해서는 7층에 있는 과장님(결재권자)의 자리로 가서 '저, 진짜 퇴사하겠습니다!' 의사를 결재권자께 분명히 말해야 했습니다. 그리고 승인을 받아야만 퇴직이 확정되는 상황이었습니다. 그러나 계단을 올라가려 시도할 때마다(과장이 아니라 정말로) 발목에 족쇄로 100kg짜리 무게추가 매달린 듯 발걸음이 떨어지지 않았습니다. 뒤에서 누군가 목덜미를 잡아채는 듯한 느낌마저 들었습니다.

전혀 과장이 아닙니다.

 이성과 본능이 충돌한다면 어느 쪽의 말을 들어야 할까요? 답은 너무나 분명합니다. 들개가 아니라면, 합리적 이성의 인간이라면, 이성의 말을 들어야 합니다. 어린이집 다니는 조카도 아는 사실입니다. 당시 저도 '어리석게 굴지 않겠다!' 다짐에 다짐을 거듭했습니다. '나는 동물이 아니다! 동물적 본능은 무시한다! 합리적 이성을 따른다!' 스스로를 수도 없이 다그쳤습니다. 결국 저는 2023년 7월 1일자로 다시금 민간인이 되었습니다.

사직서 제출의 추억

6) 디지털노마드! 제2의 인생으로

솔직히 퇴사할 당시까지만 해도 앞으로 뭘 어떻게 할지 구체적 계획은 없었습니다. 단지, '회사에 속해서 하는 일이 아니라, 내 사업을 하자!'라는 대전제가 있었을 뿐입니다. 거짓 행복에서 벗어나 진실된 행복에 이르기 위해서는 버는 돈의 수준부터 시작해서 내가 하는 모든 일이 평범한 수준을 벗어나야 했습니다. 그리고 평범한 수준을 벗어나기 위해서는 다른 누군가에게 소속돼서는 불가능하다고 판단했습니다. 나만의 사업을 해야만 했습니다.

한편 '사업 중에서도 돈을 한 푼도 들이지 않고 할 수 있는 사업을 하자!'라는 전제 또한 중요했습니다. 스스로 가능성을 테스트해 보고 싶었기 때문입니다. 돈을 들이붓는 사업은 말그대로 돈의 힘에 기대어 사업을 벌이는 것일 뿐입니다. 즉 성공하더라도 내가 성공한 게 아닙니다. 내 돈이 성공했을 뿐입니다.

돈은 돈 문제를 해결하지 못한다.

『부의 추월차선』, 엠제이 드마코, 토트

'내 돈으로 사업을 성공시키는 게 아니다! 오로지 내 능력만으로 사업을 일으켜 성공하겠다!' 굳게 다짐했습니다. 자신감도 충만했습니다.

쌍코피 흘리며 새벽 3시까지 공부하는 열정으로 뭘 못 이루리!

마침 당시 '무자본 창업'이라는 사업 스타일이 한창 유행했습니다. 코로나 사태 때문인지, 경기 불황 때문인지, 월급 외 부수입을 벌려는 고달픈 직장인들이 무자본 창업에 많이들 도전하는 분위기였습니다. 예를 들면 구매대행(스마트스토어 위탁 판매~해외 구매대행 등)이라든가, 전자책을 써서 판매하는 부업 등입니다. 이런 사업들은 밑천이 들지 않고 특별한 기술도 필요 없습니다. 말 그대로 '노트북 한 대만 있으면' 쉽게 시작할 수 있는 사업입니다. 당시 이런 일에 도전하는 사람들을 지칭하는 소위 '디지털노마드'라는 말이 유행했을 정도입니다. 저 또한 마음먹었습니다. **'디지털노마드가 되자!'**

즉시 전자책 쓰기 사업이 눈에 들어왔습니다. 어렸을 적부터 책을 써보고 싶다는 막연한 희망도 있었을뿐더러, 평소 혼자서 글을 끄적

거리던 습관도 있었는데요. 그래서인지 책 쓰는 일에 대한 부담도 상대적으로 덜했습니다. 마침 전자책으로 써보고 싶은 주제도 바로 떠올랐습니다. '바로 이거구나!'

즉시 전자책을 써보겠다는 결심으로 이어졌습니다. 정말 신기한 일입니다. 일단 마음을 먹으니 필요한 모든 것들이 눈앞에 저절로 나타납니다. 요즘 시대는 말 그대로 정보 혁명의 시대! 유튜브를 10분만 뒤적거려도 못 찾을 게 없는 놀라운 시대라는 점에 모두 동의하실 겁니다. 일단 전자책을 쓰겠다고 마음먹으니, 뿅! 마법처럼 필요한 모든 자원이 눈앞에 나타났습니다. **'이런 걸 가리켜 마법이라고 하는구나!'** 전자책을 써서 사업화하는 강의부터 시작해서, 무료로 전자책 쓰기를 도와주는 모임까지! 모두 유튜브를 통해 공짜로 접근할 수 있었습니다. 성경 속 유명한 말씀이 떠오르는 대목이었습니다.

구하라 그러면 주실 것이요,

찾으라 그러면 찾을 것이요,

문을 두드리라 그리하면 너희에게 열릴 것이니!

두드리는 자에게 문이 열릴 것이니! 전자책을 써보자! 마음먹고 문을 두드리니 정말로 문이 열렸던 겁니다.

이 책을 쓰고 있는 시점은 퇴사한 지 10개월이 지난 때입니다. 결국 어떻게 되었냐고요?

모든 것이 생각대로 잘 풀렸습니다. 퇴사 후 1년만에 전자책을 7권 출간하며 수익화에 성공했습니다. 그밖에도 유료 독서모임, 책 쓰기 코칭 사업과 같이 비용이 한 푼도 들지 않는 지식사업을 하나 둘씩 시작하며 제2의 인생 런칭에 성공했습니다.

퇴사 후 1년을 돌아보면 스스로 대견하다 칭찬해 주고 싶습니다. 홀로 좌충우돌, 죽도록 달렸습니다. 휴일 따위는 없었습니다. 주 7일, 하루 10시간 이상 사업을 구상하고 개인 SNS 운영에 매진했습니다. 맨땅에 헤딩으로 시작하는 사업이기에 닥치는 대로 공부했습니다. 매일같이 2시간 이상 사업 마케팅 분야 도서를 읽었습니다. 퇴사하지 않았더라면 평생 몰랐을 창업 관련 지식을 쌓았습니다. 함께하는 사람도, 도와주는 사람도 아무도 없었습니다. 말 그대로 망망대해에 내던져진 채로 혼자 고군분투했습니다. 그러다 보니 종종 불안과 두려움에 시달리는 때도 있었습니다. 그때마다 마인드를 다잡기 위해 자기계발서를 우직하게 읽어 나갔습니다.

이렇게 보낸 퇴사 후 1년은 말 그대로 모든 것을 바쳐 불살랐던 시기였습니다. 그랬기 때문일까요. 이 시기는 인생 최대 소중한 시기로 제 추억에 남게 되었습니다.

물론 아직도 갈 길이 많이 남았습니다. 사업가로서 사업은 더 확장해야 하고, 작가로서 매년 책을 써내야 합니다. 책을 썼으면 전국을 거닐며 강연 활동에도 힘써야 합니다. 까마득하게 먼 여정을 계속해야 한다는 부담도 큽니다. 그러나 '나의 고유한 삶'을 시작해서 기쁩니다. 다른 누구의 일도 아닌, 나 자신에게 가장 잘 맞는 일, 나 자신을 가장 행복하게 해주는 일과 함께하는 삶은 진실로 행복한 인생입니다. 지금 느끼는 행복은 가짜 행복이 아닙니다. 순도가 가장 높은 진짜 행복입니다. 저는 공무원 퇴사 후 세상에서 가장 행복한 사람이 되었습니다.

하루 24시간, 한 달 30일, 일 년 365일, 100%를 온전히 내가 이끕니다. 24시간 중 단 1분도 하기 싫은 일을 하며 낭비하지 않습니다. 하루 중 100%를 내가 하고 싶은 일, 내가 결정한 일, 나만의 고유한 일에만 투자하며 삽니다.

또 다른 가슴 뛰는 목표도 하나 있습니다. 최소 6개월 이상 세계여행을 시작하려 합니다. 가짜 행복은 집어치우고 내면의 진실한 목소리를 따라 살겠다고 결심한 그때, 평범한 삶을 벗어나서 특별한 사람으로서 위대한 인생을 살겠다는 결심을 한 그때, 저는 큰 인물이 되어야겠다고 다짐했습니다. 큰 인물이 되기 위해서는 큰 세상을 경험해봐야만 합니다. 그러기 위해서는 오래도록 세계를 돌아다녀 봐야만 합니다.

공무원 퇴사 후 제 인생은 말 그대로 **꿈 그 자체**입니다. 평범한 공무원으로 평생 살았다면 세계여행은 언감생심, 명절에 휴가를 붙여 길어야 10일 정도 갈 수나 있으면 다행이었던 삶이었습니다. 또는 30년 후 퇴직하고 지팡이를 짚고서 효도 관광 정도 갈 수 있으면 다행인 삶이었습니다. 그러나 이제는 세상에서 가장 행복한 1인입니다. 제게 남은 건 오로지 인생을 즐기는 일뿐이라 확신합니다. 이런 행복을 나누고 싶은 마음에서 이 책을 썼습니다. 저는 배우는 삶과 나누는 삶이 가장 가치 있다고 생각합니다. 지금부터는 세상에서 가장 행복해지는 여정의 방향, 그리고 그 여정을 시작할 수 있는 비결에 대해 이야기 나누며 여러분들의 행복한 삶을 만드는 데 도움을 드리고 싶습니다.

2장

사직서 던지기 전에 이렇게!
'슬기로운 공무원 생활 백서'

공무원을 그만두고 진짜 원하는 삶을 찾아 행복해졌다고 떠들며 이 책을 쓰고 있습니다. 행복으로 향하는 완벽한 퇴사 가이드도 드리려고 합니다. 그럼에도 불구하고 평생 직장이라고 하는 공무원 세상, 사직서 던지기가 말처럼 쉽지 않다는 사실 또한 잘 알고 있습니다. 그러므로 퇴사를 꿈꾸는 여러분께 당장 사직서를 내던지시라고 말씀드리고 싶지는 않습니다. 그보다 차선책으로서 지금 계신 그 자리에서 더 행복해지는 방법을 먼저 제안해 드리고 싶습니다. 초고난도 퇴사를 실행에 옮기기 전, 쉽게 해볼 수 있는 일이 있다면 그것부터 시도해 봅시다. 그럼에도 불구하고 더 이상 버틸 수 없다는 확신이 드는 경우 퇴사에 도전하는 전략을 제안해 드립니다.

2장에서는 퇴사 가이드 이야기로 진입하기에 앞서 **지금 그 자리에서 행복해지는 비결**을 말씀드립니다. 험난한 공직 현장에 있으면서도 온갖 난관들을 슬기롭게 헤쳐 나가실 수 있도록 돕는 비장의 팁입니다. 여기서 제안해 드리는 팁들을 잘 활용한다면 지금 있는 그 자리에서 더 즐겁게, 더 수월하게 공직생활을 해나가실 수 있을 거라 확신합니다.

공무원으로 살아남기 위해 가장 힘든 건 뭐라고 생각하시나요? 많은 난관이 있지만 단연 으뜸은 다름 아닌 **'민원응대'**입니다. 세금으로 운영되는 공공기관에서 일하신다면 심한 경우 칼부림까지 일어나는 현대 대한민국 민원 실태에 대해서 매우 민감하실 겁니다.

　민원에서 끝이 아닙니다. 다음 난관은 누가 뭐라고 해도 **'사람'**입니다. 함께 일하는 상사, 동료들과 잘 지내는 일 또한 쉽지 않습니다. 함께 일하는 사람들과 잘 지낼 수만 있다면 아무리 민원이 힘들어도, 아무리 일이 힘들어도 능히 견뎌낼 수 있는 것이 바로 공무원 생활입니다.

내가 안 잘리지만 쟤도 안 잘린다!

　누가 처음 말했는지 모르겠지만 공무원들의 고충을 정말 잘 나타내는 한 문장입니다. 아무리 일을 못해도, 아무리 큰 사고를 쳐도, 아무리 개판을 쳐도! 웬만해서는 저 사람도 잘리지 않는 현실! 주변에 그런 사람이 있다면 고역일 수밖에 없습니다.

　또 공무원으로서 맡는 **'일 자체'**도 결코 쉽지 않습니다. 업무 스트레스에 시달려 자살하는 공무원이 매년 나올 정도입니다. 공무원 일은 그 자체가 만만치 않습니다. 그럼에도 불구하고 아무것도 모르는 외부 사람들은 '공무원이 하는 일이 뭐냐?'라는 식으로 비하하기 일쑤이니 더 스트레스입니다. 정리하면 공무원으로서 맞닥뜨리는 세 가지 난관은 다음과 같습니다.

1. 민원   2. 사람   3. 일

이 세 가지 난관을 슬기롭게 헤쳐 나가실 수 있도록 돕는 솔루션을 제안합니다. 이 솔루션들은 공직 경험은 물론, 고등학생 시절부터 몸담았던 오랜 서비스직 경험에서 쌓은 실전 직장생활 노하우입니다. 그 중에서도 실제로 가장 유용했던 원칙들을 종합하고 다듬어 정리한 결과입니다. 달리 말하면 슬기로운 사회생활 법칙이라고도 할 수 있습니다. 이를 '슬기로운 공무원 생활 백서'로서, 여러분의 수월한 공직 생활을 위해 제안해 드립니다. 모든 솔루션은 직접 경험에서 우러나온 삶의 지혜입니다. 많은 실전 연습을 통해 그 효과성이 검증된 내용만을 담았습니다.

1) 공무원으로 일해보지 않았으면 큰일날 뻔했습니다

본격적으로 들어가기 전에 꼭 드리고 싶은 말씀이 있습니다. 퇴사했다고 떠벌리며 글을 쓰고 있기는 합니다만, 그럼에도 불구하고 **공무원으로 일하던 시절은 저에게 정말 소중했다**는 사실입니다. 공무원 현직 시절 저는 아래와 같은 생각으로 일했습니다.

이 정도 근무 환경이면 돈을 받는 게 아니라 내가 돈을 내야 할 것 같다!

왜냐하면 공무원으로 일하는 과정 전반이 너무나 많은 것을 배우는 기회였고, 또 엄청난 능력을 얻는 기회였기 때문입니다. 물론 일반적으로는 다음과 같이 생각하는 경우가 많긴 합니다.

이 돈 받고 이렇게 일하는 데 보람이 있어?

공무원 B 씨

함께 일하던 동료 공무원들도 그렇고, 주변에 공무원이 된 친구들의 경우도 대부분 공무원으로 일하는 데 큰 보람을 느끼지 못하는 모습을 많이 봤습니다. 그러나 저는 정반대였습니다. **퇴사 후 1년 만에 나름 사업적 성취를 이룰 수 있었던 비결도 모두 공무원으로 일하며 얻은 능력들 덕분이라 확신합니다.** 전자책을 7권 써서 수익화하는 데 성공했고, 유료 독서모임도 맨땅에 헤딩 식으로 시작해서 나름 성공적으로 안착시킬 수 있었습니다. 이렇게 이룬 성취들은 공무원으로 일하면서 배운 능력이 없었다면 결코 불가능했을 성취입니다. 대관절 얻은 게 뭐냐? 궁금하실 겁니다. 크게 3가지입니다.

> 1. 사업 기획력
> 2. 협력해서 일하는 법
> 3. 오피스 생산성 도구 활용 능력

1. 사업 기획력

첫째, 하나의 사업을 A~Z, 0 상태부터 만들어내고 운영하고 매듭짓는 일련의 과정을 맡아 처리하는 경험에서 탄탄한 사업 기획력을 얻었습니다. 공무원이 무슨 사업을 하나? 의아하실 수 있습니다. 그러나 사실 공무원들도 사업을 많이 합니다.(물론 비영리 공익사업!) 심지어 예산이 수십억 단위로 소요되는 대규모 사업을 맡는 경우도 많습니다. 공무원들이 민원서류 정도 인쇄해서 건네주는 그런 사람들이 결코 아닙니다. 저도 공무원 시절에 동주민축제처럼 꽤 규모 있는 행사를 2건 맡아 실무 총괄로 일했었습니다.

대규모 행사 담당이 되면 행사 시작 전 3개월 전부터 부서 내 가장 바쁜 사람이 됩니다. 행사 성공을 위해 고군분투해야만 하는 막중한 임무를 어깨에 짊어집니다. 예를 들면 축제를 준비할 때 할 일은 이렇습니다.

> ### 축제 준비하기
> 총괄 기획안 작성, 축제추진위원회 위촉 & 발족
> 매주 정기회의 소집 & 회의 진행 & 회의 결과보고
> 축제 콘텐츠 기획, 축제 사회자 및 장소 섭외 축제 무대 설치
> 축제 물품 구입, 축제 용역 발주
> 축제 소개 영상 제작, 내빈 초청 및 축사 영상 제작, 축제 경품 준비
> 행사 당일 업무분장, 축제 결과보고 & 결산 등….

이 모든 일을 제때 해내려다 보면 칼퇴근 따위는 사라집니다. 오전 8시에 출근해서 오후 10시까지, 화장실 갈 틈도 없이 바쁜 일정이 들이닥칩니다. 그러나 바쁜 만큼 많이 배운다는 점에서 엄청난 기회입니다. 이 과정을 거치며 어디서 돈 주고도 배울 수 없는 사업 기획력

과 추진력을 배웠습니다. 이때 얻은 능력은 제게 가장 귀중한 자산이 됐습니다. 퇴사 후 맨땅에 헤딩으로 사업을 시작해서 1년간 안정적으로 운영할 수 있었던 건 모두 이때 배운 기획력 덕분이었습니다.

2. 협력해서 일하는 법

둘째, 혼자서는 할 수 없는 큰일을 여러 사람이 힘을 합쳐 해내는 법을 배웠습니다. 지금 말씀드린 정도 규모 행사는 당연히 혼자서는 절대 해낼 수 없습니다. 일단 실무 총괄인 저와 총괄 팀장님, 총 2명이 주도적 역할을 하면서, 옆 팀에 협력을 구하기도 하며 필요한 자원을 조달합니다. 그밖에 주민단체와 같은 외부 유관 기관들과도 끊임없이 협력합니다. 그래야만 하나의 행사를 성공으로 이끌 수 있습니다.

협력해야 하는 단체가 한둘이 아니니 아주 까다롭습니다.(관련 주민단체는 거의 10개가 넘어갑니다.) 옆 팀과 관련 기관에 협력을 요청할 때는 기관 대 기관으로서 마땅한 예의를 갖춰야 합니다. 적당한 예절을 갖추지 못하고 자칫 잘못했다가는 거절당하는 불상사가 발생하기도 합니다. 실무 총괄 담당으로서 행사를 진행하며 무수히 많은 협력 업무를 수행했습니다. 그 과정에서 자연스럽게 '협력해서 하는 일이란 무엇인가?' 백만 불짜리 노하우를 얻을 수 있었습니다.

3. 오피스 생산성 도구 활용 능력

셋째, 효율적으로 일하는 데 필수적인 온갖 오피스 도구들을 100% 활용할 줄 아는 스킬을 얻었습니다. 가장 대표적인 도구는 누가 뭐라고 해도 엑셀이겠죠. 뿐만 아니라 워드프로세서, 파워포인트를 무수히 써먹는 경험을 통해서 효율적으로 일한다는 게 무슨 뜻인지 확실히 배우고 나왔습니다.

오피스 생산성 도구 활용 능력은 지금 독서모임 운영은 물론, 사업 매출 자료 관리, 고객 DB 관리 등, 무슨 일을 해도 안 써먹는 경우가 없습니다. 엑셀이 없으면 아무것도 할 수 없습니다. 이런 능력은 지금 제게 없어서는 안 될 강력한 무기가 됐습니다. 만약 제가 공무원으로 일한 경험이 없었다면 결코 이런 능력들을 얻지 못했을 겁니다.

이런 이유로, 저는 구청에서 일하는 동안 '돈을 받는 게 아니라 오히려 돈을 내야 하는 게 아닌가…!' 생각하곤 했습니다. 그래서 진짜로 구청에 돈을 냈냐고요? 물론 그건 아닙니다. 구청에 돈을 내기보다는 (그런 방법도 없습니다.) 차라리 기부해서 사회 환원하는 게 훨씬 나은 전략이라는 판단에 기부활동을 이어가고 있습니다.

이렇게 저는 직장에서 일하면서도 오히려 돈을 내야 한다고 생각했을 정도로 직장생활에서 뽑아먹은 게 많았습니다. 일할 때 이런 태도는 곧 재미로 이어지기도 했습니다. 베스트셀러『세이노의 가르침』에서도 일만큼 재밌는 게 없다고 강조합니다.

> 은퇴 시도를 했지만 곧 다시 손에 일을 잡았다. 왜 그랬을까? 일하는 재미를 대체할 만큼 매력적인 것을 찾지 못했기 때문이다.
>
> 『세이노의 가르침』, 세이노, 데이원

10,000% 공감합니다. 여러분들께도 제안해 드리고 싶습니다. 직장일이 재미없으신가요? 발상을 전환해봅시다. '돈을 받으면서 심지어 배우기까지 한다!' 배운 능력은 절대 사라지지 않습니다. 나중에 공무원 일이 아니라 다른 무슨 일을 하시더라도 그 능력을 반드시 써먹게 됩니다.

2) 화난 진상 민원인 퇴치, 무적의 3원칙

구청장 나오라 그래!

팀장 나오라 그래!

여기 대빵이 누구야!

구청과 동주민센터에서는 화난 진상 민원 때문에 고성이 오가는 경우가 흔합니다. 누굴 '죽이네~, 살리네~' 소리는 그저 일상입니다. 심한 경우 민원인이 칼을 들고 나타나기도 합니다. 시군구 지방 공무원들에게 진상 민원응대는 숙명과도 같습니다. 칼 들고 찾아오는 민원인을 피할 수 있으면 좋겠지만 마음대로 피할 수만도 없습니다. 피할수 없다면 즐겨야 할까요? 물론 그럴 수 있다면 최선이겠습니다만 말이 쉽습니다.

다만 즐길 수는 없더라도 스트레스를 확실히 덜 받으며 문제를 해결하는 방법은 있습니다. 아무리 XX맞은 민원이라도 스트레스를 덜고서 해결하는 무적의 3원칙이 있습니다. 저도 공무원 시절 무수히 많은 진상 민원을 응대했습니다. 다행히 저는 화난 진상 민원 처리에 비상한 능력이 있었습니다. 어떤 민원도 잘 처리하니 현직에 있을 때 주변에서 이런 말을 듣기도 했습니다.

우리 부서에 이 친구가 발령받아 오고 나서 사무실이 평화로워졌어~

그뿐만 아니라, 처음에는 화가 잔뜩 나서 구청에 쳐들어왔던 진상 민원인께서도 저와 이야기하고 나서 나갈 때는 웃으며 오히려 고맙다고 인사하며 떠나는 경우가 많았습니다.

그 비결은 오랜 경험으로 쌓은 3대 민원응대 대원칙이었습니다. 민원에 시달리는 공무원 여러분들을 위해 3대 대원칙을 풀어보겠습니다. 이 대원칙을 잘 활용하시면 평생 어떤 진상을 마주치시더라도 오히려 고맙다는 인사를 들을 정도로 슬기롭게 헤쳐 나가실 수 있을 거라 확신합니다.

화난 진상 민원인 상대 3원칙
원칙 1. 탓하는 태도는 금물
원칙 2. 내 편으로 만들어라
원칙 3. 먼저 들어라

원칙 1. 탓하는 태도는 금물

첫 번째 원칙이 가장 중요합니다. 무슨 일이 있어도 민원인을 탓하는 태도로 대하지 않기입니다.(탓하더라도, 민원인을 코앞에 두고 탓하지 않기!) 탓하는 순간 탓한 만큼의, 심지어 그 이상의 강한 반발심을 불러일으킬 뿐입니다. 농구공은 바닥에 강하게 던질수록 강하게 튀어 오릅니다.

비난은 아무런 쓸모가 없다.　『인간관계론』, 데일 카네기, 현대지성

우리의 목적이 뭔지 잘 생각해 봅시다.

민원 해결하기 VS 싸움을 일으키기

둘 중에서 목적이 무엇인가요? 만약 나는 자랑스러운 대한민국 공무원으로서, '민원인과 싸우는 게 목적이다!' 혹은 '나는 싸움이 체질이다!', '나는 싸우는 게 천성에 맞다! 재밌다!'라면 얼마든지 탓하는 태도로 나가셔도 좋습니다. 그러나 싸움이 아니라 민원 해결이 목적이라면 탓하는 태도는 일단 넣어두시기 바랍니다.

물론 화난 민원인을 상대하다 보면 당연히 나도 화가 납니다. 보통 공무원에게 찾아오는 민원인은 괜히 애먼 공무원들에게 엉뚱한 화를 내기 일쑤입니다. 공무원은 엉뚱한 분노의 화풀이 대상이 되곤 합니다. 그런 상황이라면 똑같이 화가 나는 게 인지상정입니다. **'왜 그걸 나한테 그러냐?'** 그러면 자연스레 민원인을 탓하고 싶은 심정이 들게 마련입니다. 당연한 인간 심리입니다. 그러나 반드시 지금 말씀드리는 제1원칙, '탓하는 태도는 금물'을 기억하세요! (…) 그러면 이렇게 반문하실 수 있습니다.

> 나한테 괜히 화를 내는데 어떻게 탓하지 않을 수가 있나!

　마음속으로는 얼마든지 탓을 하셔도 좋습니다. 그러나 사람 면전에서 대놓고 탓하는 말투나 태도로 대하지 마시라는 겁니다. 물론 나중에 민원인이 돌아가고 난 이후에 뒷담화를 하실 수는 있습니다. 그러나 현장에서는 **절대!** 상대방을 탓하지 않는 전략이 여러분 스스로에게 압도적으로 유리합니다.

　공무원 시절 마지막으로 맡았던 업무가 구청 식품위생부서의 행정처분, 행정소송 담당이었습니다. 이 일은 자칫 싸움으로 번지기 딱 알맞은 업무였습니다. 왜냐하면 아래와 같은 우편을 보낼 일이 많기 때문입니다.

> 과징금 3,000만 원을 ○○월 ○○일까지 내세요.
> 안 그러면 자동차가 압류됩니다….

> 다음 주부터 2개월 동안 영업정지하세요.
> 안 그러면 경찰에 붙잡혀 가십니다….

식당, 카페 사장님이 불법을 저지르면 위와 같이 과징금을 내라고 명령하는 일입니다. 더 심한 경우는 법에 따라 일정 기간 영업을 하실 수 없다고 명령하기도 해야 했습니다.(예를 들면 상한 음식, 소비기한이 지난 음식 판매 등) 실제 법적 소송까지 가는 경우도 많습니다. 아마 읽고 계신 여러분께서 시군구 식품위생 부서에 계시다면 누구보다 잘 아실 겁니다.

위와 같이 우편으로 공문을 보냈을 때 순순히 따르는 경우는 100명 중 1명 정도 된다고 보시면 됩니다. 그보다는 구청에 쳐들어와서 한바탕하곤 합니다.

> '내가 뭘 잘못했다고 3,000만 원을 내야 되냐? 죽어도 못 낸다.'

'2달이나 영업 못하면 저희 가족 전부 굶어 죽습니다…'

따라서 이 업무 담당자가 처신을 잘못하는 경우, 구청에 쳐들어와 난동 부리는 민원인들 때문에 부서 전체가 하루종일 시끄러워집니다.

다행히 저는 이런 사건을 100건 넘게 처리하면서도 민원인과 싸워서 부서를 시끄럽게 만든 적은 한 번도 없었습니다. 시끄럽게 만들기는커녕 오히려 민원인들께 고맙다는 인사를 받기까지 했습니다. 심지어 법정에서 소송으로 다투게 된 민원인에게도 고맙다는 인사를 받았던 기억이 생생합니다. 그 비결이 원칙 1, '탓하는 태도는 금물'이었습니다. 아무리 화가 나더라도, 민원인이 아무리 황당한 요구를 하더라도, **일단 탓하지 말기!** 가장 중요한 민원응대 대원칙입니다.

원칙 2. 내 편으로 만들기

두 번째 원칙은 성내는 민원인을 **내 편으로 만들기!** 이 원칙도 일견 황당하다 생각하실 수 있습니다.

죄 없는 공무원인 나한테 괜히 화를 내는 사람을 어찌 내 편으로?

그러나 좋은 방법이 있습니다.

프레임 짜기: 같은 목적 설정

가장 먼저 할 작업은 화난 민원인과 내가 '같은 목적을 바라보는 것처럼' 프레임 짜기입니다. 같은 목적을 바라보는 사람은 한 편이 되기 때문입니다. 공동의 적을 만드는 전략과 비슷합니다.

우선 **첫걸음은 상대방의 목적이 뭔지 파악하기**입니다. 예를 들어 제가 민원인에게 과징금 3,000만 원을 내시라고 명령하는 상황을 생각해 봅시다. 이때 과징금을 내야 하는 민원인의 입장이라면 원하는 것이 뭘까요? 민원인을 탓하거나 공무원으로서 내 처지를 비관하기만 하지 말고 상대방이 원하는 궁극적 목적이 무엇일지 잘 생각해 봅니다. 상대방의 목적은 분명합니다.

민원인의 목적?

과징금 안 내기

or

내더라도 최대한 액수를 깎기

위와 같이 민원인의 목적은 분명합니다. 이렇게 상대방의 목적을 파악했다면, 이번에는 **상대방 목적과 내 목적 사이에 공통되는 지점이 있는지** 살필 차례입니다. 공무원인 내 목적과 민원인의 목적 사이 공통점이 있을까요? 분명 있습니다. 행정법을 공부하셨다면 잘 아실 겁니다. 공무원의 의무 중 다음과 같은 의무가 있다는 사실을요.

가능한 한 국민의 피해를 최소화하라!
행정기본법 제10조 제2호(최소침해의 원칙)

국민 편의를 위해 존재하는 공무원으로서, 과징금을 내도록 명령하는 경우에도 **가능한 한 최소 금액**으로 부과해야 할 의무가 있습니다. 누가 봐도 이 의무에 충실한다면, 민원인의 목적과 공무원인 나의 목적 사이에 정확하게 일치하는 지점을 발견할 수 있습니다. 그렇다면 이 공통점에 집중해서 프레임을 짜는 겁니다.

'왜 잘못해놓고서 과징금을 빨리 안 내느냐?' 탓하기만 하면 스스로의 무덤을 팔 뿐입니다. 그게 아니라 서로의 공통점에 집중해서 '과징금 금액 낮추기!' 공통의 목적을 강조해야 합니다.

'저도 공무원으로서 선생님의 과징금을
최대한 낮춰야 하는 의무가 있는 사람입니다.'

이렇게 프레임을 짜면 아무리 화난 민원인도 내 편으로 끌어당길 수 있습니다. 이 작업이 성공적으로 이뤄지는 경우 처음에는 공무원을 일종의 적(Enemy)으로 간주하고 잔뜩 열받아 있던 민원인의 태도가 180도 변합니다. 더 이상 공무원을 적으로 간주하지 않습니다. 오히려 자신을 도와주는 존재로 여깁니다. 서로 간에 우호적인 관계가 형성됩니다. 이제 같은 목적을 바라보는 사이가 됐기 때문입니다. 민원인 입장에서는 공무원에 대한 생각이 바뀝니다. 더 이상 과징금 3,000만 원을 내라고 강압하는 악덕 공무원이 아닙니다. 어떻게 하면 내 피해를 줄일 수 있을지 함께 고민해 주는 고마운 사람으로 봅니다.

이때 실제로 과징금 금액을 줄일 수 있는지, 그 사실 여부 따위는 전혀 중요하지 않습니다. 그저 '위해주는 마음'을 드러내 보이기만 하면 충분합니다.

※ (잠깐) 진심을 담아야!

물론, 이 전략이 통하기 위해서는 그냥 말로만 도와주는 척하면 안 됩니다. 진심이 담겨야 합니다. 저는 실제로 행정기본법의 원칙을 마음에 새기고 일했습니다. 주민들에게 불이익을 줄 때 주더라도, 항상 피해를 최소화하기 위해 진심을 담아서 노력했습니다. 공무원이란 그런 자세로 일해야 한다는 개인적인 사명에 따랐습니다.

이 전략은 정말이지 기기 막힙니다. 이런 사건은 공무원 시절 가장 까다로웠던 일이었습니다만, 항상 '내 편으로 만들기' 원칙으로 응대했기 때문에 한 번도 크게 싸운 일이 없었습니다. 과징금 3,000만 원을 내라고 하면서도 오히려 고맙다는 인사를 들었습니다.

원칙 3. 먼저 충분히 듣기

마지막 세 번째 원칙은 '먼저 충분히 잘 들어라.'입니다. 이 원칙은 만고불변의 인간관계 진리이기도 합니다.

친구 사이를 좋게 하려면?

부부 사이를 좋게 하려면?

형제자매 사이를 좋게 하려면?

직장 동료 사이를 좋게 하려면?

학교 선후배 사이를 좋게 하려면?

지나가는 사람과 쉽게 친해지고 싶다면?

위 모든 질문에 통하는 공통적 해답이 있습니다.

먼저 잘 들어라!

이 원칙 하나면 90%의 인간관계는 잘 풀릴 수밖에 없습니다. 마찬가지로, 성난 민원인을 잘 달래기 위해서도?

먼저 잘 들어라!

모든 인간관계 갈등, 그 뿌리는 오해입니다. 그리고 모든 오해의 뿌리는 잘 듣지 않는 태도입니다. 먼저 잘 듣는 태도는 말 그대로 아무리 강조해도 지나치지 않은 만고불변의 진리입니다.

먼저 이해하고, 그다음 이해시켜라.

『성공하는 사람들의 7가지 습관』, 스티븐 코비, 김영사

공무원 시절, 수많은 민원인을 상대하며 '먼저 듣기' 원칙의 무서운 힘을 여러 번 체험했습니다. 말씀드렸다시피 저는 구청 공무원으로서 위법을 저지른 주민들에게 수천만 원에 달하는 큰 피해를 주는 일을 했습니다. 상대방 입장에서 받는 불이익이 큰 만큼 공무원인 제가 온갖 불만과 거센 공격의 희생양이 되는 건 일상이었습니다. 그러다 보면 언성이 높아질 일도 많고 자칫 감정싸움으로 번질 위험도 높았습니다. 그럼에도 불구하고 싸우기는커녕 오히려 고맙다는 인사를 받으면서 할 일을 잘 완수했습니다. 그 핵심 비결 중 '먼저 잘 듣기' 전략도

빠뜨릴 수 없습니다.

듣기의 힘은 실로 놀랍습니다. 먼저 듣기만 잘 해도 성난 민원인은 금방 온순한 양으로 변합니다. 심지어 내야 하는 과징금 금액을 깎거나 면제하는 게 불가능한 경우에도 마찬가지입니다.

평생 잊지 못할 사례가 있습니다. 1,000만 원 정도의 과징금을 내야 하지만 억울함을 호소하는 분이었습니다. 1,000만원 과징금이라고 하면 별거 아니라 여길 수도 있지만 하루 벌어 하루 먹고사는 영세 자영업자 입장에서는 사형선고와도 다름없는 큰 금액입니다.

이런 경우 보통 전화로 이야기하지 않습니다. 구청으로 쳐들어와서 한바탕하곤 합니다. 민원인께서는 보통 당황+두려움+화, 온갖 감정이 뒤섞여서 매우 격앙된 상태로 구청에 쳐들어오곤 하십니다. 그도 그럴 것이, 입장 바꿔 생각해 봅시다. 당장 카드 값 낼 돈도 없어서 한숨 푹푹 쉬고 있는데, 난데없이 구청에서 수천만 원 생돈을 내라고 공문을 받은 상황이라면 침착한 게 오히려 이상합니다. 그렇게 찾아온 민원인과 이야기할 때, '**원칙 3. 먼저 잘 듣고 먼저 이해하기**'를 적용하는 겁니다.

사실만 따지면 저는 굳이 잘 들을 이유가 하나도 없습니다. 왜냐하면 이 사건의 자초지종은 이미 문서로 전부 파악한 상태니까요. 게다가 공무원 입장에서는 1년 이상 똑같은 사건을 수십 건 반복해서 처리하기 때문에 앞으로 어떻게 사건이 흘러갈지도 거의 100%, 눈에 훤합니다. 그럼에도 불구하고 그냥 무조건 듣습니다.

민원인 입장에서는 억울함을 호소하고 싶기 때문에, 1시간이고 2시간이고 계속 이야기합니다.

구구절절 ~ 내가 잘못한 게 아닌데…부터 시작해서,

원래 그러려고 했던 게 아니었는데… 이러쿵저러쿵….

(※ 이미 다 아는 이야기임.)

이렇게 1시간이고 2시간이고 이야기를 듣습니다. 그러면 어떻게 될까요? 십중팔구 이야기를 다 끝내고 돌아갈 때는 화가 전부 풀려서 후련하다는 듯 고맙다고 말하며 돌아갑니다.

듣기의 무서운 힘입니다. 이 사건에서 실제로 상대 민원인께서 내야 하는 과징금 금액이 줄었을까요? 그런 경우는 거의 없습니다. 물론 행정처분을 가볍게 바꿀 수 있는 경우가 간혹 있기는 하지만 그런 경우는 거의 2~3년에 한 번 있을까 말까입니다. 대부분 민원인께서 부담

해야 하는 과징금 금액은 처음 왔을 때나 돌아갈 때나 전혀 바뀌지 않습니다. 이 경우에도 처음 오셨을 때나 돌아가실 때나 민원인께서 내야 하는 과징금 금액은 똑같이 약 1,000만 원이었습니다. 그런데도 갈 때는 웃으면서 고맙다며 돌아가는 것이죠. 화나서 소동 피우는 민원인 90%는 그저 잘 듣기만 해도 화가 풀려 돌아가는 걸 여러 차례 목격했습니다. 이게 바로 '기적과도 같은' 듣기의 힘입니다.

만약 이 사례에서 제가 이미 다 아는 사건이라고 듣기의 힘을 무시하고 다음과 같이 대했다면 어땠을까요?

아 됐고요, 저는 이런 사건 한두 번 처리해본 게 아니에요.
사정은 딱하지만 어쨌든 법은 법이니, 1,000만원 내셔야 됩니다.

안 봐도 뻔합니다. 바로 이때가 구청에서 큰소리가 나고 심한 경우 칼부림까지 나는 때입니다.

공무원 생활을 하다 보면 이른바 '쌈닭 캐릭터'를 자주 목격하게 됩니다. 하루가 멀다 하고 매번 민원인과 싸움을 벌이는 직원을 말하는데요. **'쌈닭 캐릭터들은 도대체 왜 맨날 싸울까?'** 이 또한 공무원 사회에서는 풀리지 않는 세계 제8대 불가사의입니다. 평생 민원인과 싸우지 않고 큰 소리 내지 않으며 공무원 생활을 잘 해내는 사람이 있는가 하면 누구는 1주일에 한 번꼴로 시끄러운 싸움을 일으킵니다. 이 의문에 대해서 찾은 나름의 해답은 '먼저 듣기 원칙'입니다. 이 원칙을 아는 사람은 소동을 일으키지 않지만 모르는 사람은 쌈닭 캐릭터가 됩니다. 하루가 멀다 하고 소동을 일으킵니다. 상대방의 말을 잘 들으려 하지 않고 무엇을 잘못했는지에 초점을 맞추면 당연히 싸움으로 번질 수밖에 없습니다.

> **화난 진상 민원인 상대 3원칙**
> **원칙 1. 탓하는 태도는 금물**
> **원칙 2. 내 편으로 만들어라**
> **원칙 3. 먼저 들어라**

이 3원칙을 민원응대 실무에 적용해보신다면 어떤 진상 민원인이라도 수월하게 응대하실 수 있을 겁니다. 공무원에게 가장 까다로운 과제인 진상 민원응대! 여러분 모두 슬기롭게 잘 해내실 수 있습니다.

3) 공무원 사회에서 살아남는 처세술

팀장님을 내 편으로

공무원이라는 놈들이 이따위로 해도 되는 거야?

팀장 나와!

진상 민원인이 행패를 부립니다. 청사에 이 정도 소동이 발생하는 경우 정상적이라면 담당 공무원 혼자 대응하면 안 됩니다. 사무실에 있는 모두가 힘을 합쳐서 함께 대응해야 합니다. 특히 가장 큰 역할을 해줘야 하는 사람은 담당 팀장님입니다. 팀장이라면 자고로 부하 공무원이 혼자 끙끙대도록 내버려두지 말아야 합니다. 조금이라도 시끄러운 소리가 난다? 팀장님은 즉시 슈퍼맨 날아오듯 달려와서 진상 민원인 퇴치에 함께 힘써줘야 합니다.

우리 직원한테 그러지 말고, 이리 와서 나한테 얘기하세요!

무슨 일이길래 그러십니까?

팀장님께서 이렇게 대응해 주신다면 얼마나 좋을까요? 그러나 역시 공무원 사회는 야생 정글입니다. 반드시 그렇지만은 않습니다. 사무실에 아무리 불이 나도 미동도 않고 강 건너 불구경하는 팀장님도 있습니다. 우리는 어떻게 해야 할까요?

일단 원망하고 욕하는 방법이 있습니다. 팀원들끼리 모여 뒷담화를 하며 기분을 풀 수 있습니다. 그러나 이 방법은 하책입니다. 뒷담화하는 그 순간만 잠깐 기분이 풀릴 뿐이기 때문입니다. 장기적으로는 오히려 상황을 악화시키면 시켰지 내게 아무런 도움이 되지 않습니다.

그보다는 그런 팀장님이라도 선제적으로 나서서 내 편으로 만들기가 훨씬 우월한 전략입니다. 팀장이란 사무실에서 가장 직접적이고 강력한 영향을 미치는 사람입니다. 적으로 만들어서 좋을 게 하나도 없습니다. 적극적으로 나서서 내 편으로 만드는 전략이 훨씬 우월합니다. 공무원 시절에 유용하게 활용했던 전략을 가이드로 제안합니다. 다음 2단계 스텝을 밟으면 어떤 팀장님이라도 내 편으로 만들 수 있습니다.

관심사 파악하기 → 질문하기

관심사를 파악한 후 그 주제로 질문을 퍼붓는 전략! 팀장님을 내 편으로 만들 수 있는 검증된 전략입니다.

먼저 나서자

요즘 MZ세대는 까다롭습니다. 요즘 팀장들은 젊은 직원들이 어렵습니다. 그래서 팀장님이 먼저 다가오기를 기대하기보다 내가 먼저 다가가는 전략을 취해야 합니다.

회사 밖에서는 절대 회사 사람 안 만나는 게 내 원칙!
점심도 혼밥이 최고야, 혼자서 생각할 시간이 필요해!
업무 시간 외에는 개인 시간 존중해 주세요!

MZ세대 직장생활 신조라고 합니다. 그러나 대부분 팀장급은 전혀 다른 분위기에서 자랐습니다. 혼밥은커녕 밤새워 술잔을 기울이며 가족보다 더 가까워진 동료! 그런 전우애가 바탕인 직장생활에 익숙합니다. MZ세대를 이해하기 어렵습니다.

뭐가 좋고 나쁘다는 문제가 아닙니다. 서로 입장이 다를 뿐입니다. 이런 경우 서로가 서로를 배려해야 합니다. 그 시작은 **'내가 먼저 이해하고 내가 먼저 다가가기'**입니다. '상대방이 먼저 나를 이해해 주겠거니~'

하는 식의 태도로는 평생 아마추어 세계를 벗어나지 못합니다. **'기브 앤 테이크!'**는 위대한 진리입니다. 뭐든 먼저 주고 나서 생각할 필요가 있습니다. 오히려 역공을 펼쳐서 팀장님께 먼저 다가갑시다. 그러면 여느 MZ세대 직원들과 차별화됩니다. 한번 시도만으로도 좋은 인상을 심어줄 수 있습니다. 상대방은 '어, 이 직원은 다른 직원들과 다르네~'라고 느끼도록 만들 수 있습니다. 팀장님에게 먼저 다가갑시다.

💡 관심사 파악하는 팁 1. 자리 살피기

누구나 회사 자리를 자기 스타일대로 꾸밉니다. 업무 보고할 때마다 틈틈이 팀장님 자리를 잘 살펴보세요. 관심사를 파악하기 좋은 물건들이 자리에 놓여 있는 경우가 많습니다. 독서를 즐기는 팀장님 자리에는 책이 많이 꽂혀 있습니다. 식물을 좋아하는 팀장님이라면 온갖 식물들이 자라나고 있을 겁니다.

아무것도 없고 자리가 너무 깨끗하면 어떻게 하냐고요? 그럼 더 좋은 기회입니다. 자리가 어떻게 이렇게 깔끔할 수 있냐고 감탄을 해주시면 됩니다. 감동한 팀장님은 한순간에 여러분 편이 될 겁니다.

💡 관심사 파악하기 팁 2. SNS 프로필 살피기

카카오톡, 인스타그램, 블로그 등 SNS를 잘 살펴봅시다. 요즘에는 연세가 있는 팀장님 중에도 SNS를 하는 경우가 종종 있습니다. 특히 카카오톡 프로필은 보물상자와 같습니다. 고급 정보가 가득합니다. 어린 자녀가 있다면 카카오톡 프로필이 자녀 사진으로 도배되어 있을 겁니다. 책을 좋아하면 책 읽는 본인 사진, 명언 구절 캡처 사진이 가득합니다. 사진을 프로필로 설정하는 이유는 남들과 공유하고 싶은 마음 때문입니다. 보라고 설정해 놓은 사진에 누군가 반응해 주면 기분이 좋아지지 않을 사람은 없습니다. 남의 프로필이라고 무심하게 넘기면 평생 아마추어를 벗어나지 못합니다. 적극적으로 찾아보고 활용하면 슬기로운 직장생활을 위한 유용한 자원으로 활용할 수 있습니다.

관심사를 파악하는 데 성공했다면 게임 끝입니다. 이제는 관심사를 바탕으로 질문 공세를 퍼부을 때입니다. 어린이날에 자녀와 어디로 놀러 갈 건지 물어보세요. 자동차에 빠진 팀장님께 드림카가 뭐냐고 물어봅시다. 독서광인 팀장님께는 인생책이 뭐냐고 물어볼 수도 있습니다. 좋아하는 주제에 대해서 질문하는 사람을 싫어할 사람은 없습니다.

💡 질문하기 팁. 보고시간 활용하기

좋은 팁은 업무 보고할 때마다 막간을 활용하는 전략입니다. 팀장도 사람인데 하루 종일 업무 이야기만 하면 지겨울 수밖에 없습니다. 그

틈을 잘 노립니다. 업무 보고를 끝내고 자리로 돌아가기 전에 딱 한마디만 업무 이야기 말고 인간적인 이야기를 꺼내봅시다.

저는 업무 보고를 마칠 때마다 호시탐탐 기회를 살폈습니다. 자리로 돌아가기 전에 '가벼운 이야기를 한마디라도 꺼내볼 수 있을까?' 항상 기회를 살폈습니다. 때가 맞으면 반드시 팀장님이 관심 있어 할 만한 이야기를 잠깐 나누고 자리로 돌아왔습니다. 자동차에 관심 있는 팀장님께는 '다음 자동차는 뭘로 뽑으실 생각이신가요?' 물어봤습니다. 독서에 관심이 많은 팀장님께는 '요즘에는 무슨 책을 읽으시나요?' 물어봤습니다. 만약 나도 같은 책을 읽었다면 이야기 꽃을 피울 수 있습니다.

주의사항 1. 분위기 파악

물론 분위기 파악을 잘 해야 합니다. 업무 전화가 빗발치고 심각한 회의가 이어지는 바쁜 사무실에서 취미 얘기를 꺼 낸다? 뺨을 한 대 맞으면 맞았지, 누구도 반기지 않습니다.

주의사항 2. 과유불급

지나치면 미치지 못합니다. 어디까지나 짧은 스몰톡 수준에서 끊을 줄 알아야 합니다. 일터에서 업무 외 이야기를 너무 길게 하면 사무실 분위기가 흐려집니다. 주변 누군가 손가락질할 수도 있습니다. '저 XX들은 한가해서 저리 떠들고 있나?' 그러니 상황을 잘 살펴서 3분 이내로 가볍게 나눌 수 있는 화제를 꺼내는 묘수도 필요합니다.

주의사항 3. 할 일부터 제대로

맡은바 할 일부터 제대로 해내야 합니다. 자료 제출 기한도 하나 제대로 못 지키면서 위와 같은 행동을 하면 오히려 역효과가 납니다. 좋은 의도로 한 말과 행동이 한 순간에 아첨꾼의 입에 발린 혀 놀림으로 전락할 위험이 큽니다.

핵심은 '결국은 사람'입니다. 아무리 직급이 높아도 결국은 사람입니다. 함께 일하는 직원들 모두 '결국 사람이다!'라는 마음을 장착해야 합니다. 사람으로서 마땅히 옆 사람에게 보여야 할 관심있는 태도로 팀장님을 대하면 반드시 그 응답을 받습니다.

다시 만나서도 껄끄럽지 않게

'돌고 돌아 다시 만난다!' 공직에 1년이라도 계셨다면 뼈저리게 공감하실 겁니다. 특히 구청 단위 조직에는 평생토록 한 구청에서만 일하는 공무원들이 많습니다. 한번 함께 일했던 직원을 나중에 다시 만나는 경우도 종종 있습니다. 그러다 보면 마치 전쟁터에서 목숨을 함께 한 전우라도 된 듯 전우애가 생기기도 합니다. 10년 전 함께 근무했던 직원을 같은 팀에서 다시 만나면 그보다 반가울 수 없습니다.

이런 환경에서 살아남아야 하는 우리는 어떻게 처신해야 할까요? 분명합니다. 평생 볼 사람처럼 대한다! 제게는 직장생활 신조였습니다. 슬기로운 직장생활을 위해서 만나는 직원 직원들마다, 평생 볼 사람처럼 대하시기를 권합니다.

그 최대 수혜자는 옆 직원이 아니라 나 자신입니다. 저는 퇴사한 지 1년이 지난 지금도 구청에서 함께 일하던 동료 직원들과 잘 지냅니다. 마지막에 함께 일하던 팀장님과 팀원들에게 이 책의 추천사를 부탁하기도 했습니다.(이 책 표지 뒷면을 보세요.) 심지어 책의 홍보까지 부탁했습니다. 그들이 홍보 지원을 해주면 실제로 책 판매에 엄청난 도움이 될 거라 확신합니다. 현직 시절, 한번 보고 말 생각으로 망나니 짓거리를 하고 나왔다면 엄두도 못 낼 일입니다. 개판 치고 나와서 책 홍보를 부탁한다? 귀싸대기를 한 대 맞지나 않으면 다행입니다.

꼭 나중에 부탁할 일을 대비해서 잘 하라는 뜻이 아닙니다. 앞으로 평생 볼 일이 없더라도 마찬가지입니다. 인생 모든 일은 연결됩니다.

뿌린대로 거둡니다. 지금 옆 사람에게 잘하면 그 사람에게 돌려받지 않더라도 내게 어떤 식으로든 돌아옵니다. 스티브 잡스가 말했듯이, 지금 찍은 점들이 연결될 거라고 믿어야 합니다. 점을 잘못 찍어서 나중에 돌이킬 수 없는 결과를 마주하고 싶지 않다면 지금 점을 제대로 찍어야만 합니다.

바보 같은 회사 동료에게는 공감을

일을 왜 저따위로 하는 거야?
쟤는 저렇게밖에 못 하나?

일하다 보면 동료가 일 처리를 똑바로 못 해서 짜증 날 때가 많습니다. 특히 바로 옆에 있는 동료가 매사 그런 식이라면? 끔찍합니다. 왜냐하면 일이란 싫어도 함께 할 수밖에 없으니까요. 그리고 싫다고 안 할 수도 없는 게 직장 일이니까요. 심지어 우리는 가족보다도 직장 동료와 함께 보내는 시간이 더 많으니 더 문제입니다.

직장에서 같이 일하는 사람이 똑바로 일 처리를 하지 못해서, 나도 피해를 입고 회사 전체가 피해를 입는 일이 많습니다. 예를 들어 누가 봐도 오늘 오후 6시까지 서류를 완성해서 결재를 받지 못하면 회사에

억 단위 피해가 발생할지 모르는 상황을 생각해 봅시다. 회사 명운이 걸린 중차대한 때임에도 불구하고 담당자가 나 몰라라 손 놓고 있는 경우가 있습니다. 그러면 옆에서 지켜보는 나도 속에서 천불이 납니다. 이렇게 생각하게 됩니다.

저런 바보 같은 놈이 어떻게 회사에 직원이랍시고
와서 일하고 앉아 있는 거지?

이런 상황에서 어떻게 대처하는 게 좋을까요? 화내면서 바보 동료를 욕하고 비난하는 태도로는 아마추어를 벗어나지 못합니다. 프로가 됩시다. 프로는 그런 사람일지라도 선한 의도로 그러는 거라 가정하는 아량이 있습니다.

'선한 의도라니, 웬 말 같지도 않은 소리냐?' 반문하실 수 있습니다. 그러나 여러분 자신에게 가장 유리한 방법입니다. 스스로를 돕고 싶다면 상대방이 아무리 바보 같고 한심할지라도 그 사람이 선한 의도로 그러는 거라 가정할 필요가 있습니다. 왜냐하면 그래야만 상대방에게 공감할 수 있기 때문입니다. 공감할 수 있어야 대화할 수 있습니다. 대화할 수 있어야 문제를 해결할 수 있습니다. 상대방이 자기 입장에서는 선한 의도를 가지고 그러는 거라고 생각하지 않는다면 어떻게 될까요? 우리는 그 사람의 잘못된 행위에 대해서 분노하게 됩니다.

왜 6시까지 해야 할 일을 하지 않는 거지?

왜 회사에 수십억 원의 피해를 입히려는 거지?

왜 저렇게 바보같이 행동하는 거지?

이렇게 분노에 가득 찬 상태가 되면, 결코 상대방과 대화할 수가 없습니다. 대화가 아니라 화를 뿜어내며 상대방을 비난하기에 이릅니다. 감정이 이성을 흐리기 때문에 합리적 의사소통이 불가능해집니다.

여러분의 목적은 비난인가요? 아니면 문제해결인가요? 여러분은 항상 문제를 해결하고 싶습니다. 그 가장 좋은 방법은 그 사람 나름대로 선한 의도로 그러는 걸 거라, 한걸음 떨어져서 생각해 보는 자세입니다. 아무리 상대가 바보 같고 황당하게 행동할지라도 마찬가지입니다. 5시 55분인데 팀 동료가 오늘 6시까지 처리해야 할 일을 하지 않고 있다면? 딱 1분만 생각해 봅시다. 혹시 부모님이 갑작스레 위독해져서 중환자실에 입원하신 건 아닐까? 자녀가 심한 교통사고를 당해서 걱정하고 있지는 않을까? 갑자기 불치병 진단을 받지는 않았을까? 한 번쯤 생각해 볼 수 있습니다. 그러면 비난하기보다는 먼저 공감할 수 있습니다. 공감에서부터 대화가 시작됩니다. 공감에서 시작된 대화가 소통으로 이어집니다. 소통을 통해야만 문제가 해결됩니다.

4) 놀면서 일하는 공무원 되는 비결

옆 사람 먼저 돕기

○○ 님, 일이 좀 많아 보이는데요.

팀장님과 이야기해서 업무 조정을 합시다.

제가 ○○ 님의 일을 좀 나눠 맡을게요.

옆 직원 C

직장생활 묘사하기를 서로 잡아먹고 먹히는 약육강식의 정글과 같다고 합니다. 그러나 위와 같은 분위기 회사가 있다고 하면 믿으실 수 있나요? 당장 입사지원서를 내고 싶지 않으신가요? 드라마에서나 가능한 비현실이라고 생각하시나요? 그 회사가 도대체 어디냐고요?

저는 이런 분위기 회사가 있다는 사실을 100% 믿습니다. 그 이유는 실제 제 경험이기 때문입니다. 저는 10년 넘게 직장생활을 하면서 항상 이런 분위기에서만 일했습니다. 이렇게 회사 분위기가 좋다면 말

그대로 노는 기분으로 일할 수 있습니다. 직장이 마치 놀이터라도 되는 듯 즐겁게 일할 수 있습니다. 저는 무슨 일을 해도 항상 놀이터에서 노는 듯한 즐거운 기분으로 일해왔습니다.

'그게 말이 되나? 운이 좋았겠지?'라고 생각할 수도 있지만 결코 운이 아닙니다. 어렸을 적부터 시작한 아르바이트까지 포함하면 지금껏 15년간 7가지가 넘는 일터를 거쳐왔습니다. 그 모든 일터가 하나같이 편안한 놀이터와 같았습니다. 15년간 모든 환경이 비슷했다면 도저히 우연이라고 할 수는 없습니다.

놀이터와 같은 직장 분위기 만들기는 전적으로 '내가 어떻게 하느냐'에 달렸습니다. 직장을 놀이터처럼 만드는 확실한 비결이 있습니다. **옆 사람 먼저 돕기**입니다. 옆 동료 직원이 업무로 힘들어하면 먼저 도와보세요. 특히 신입직원과 후배들은 적극적으로 나서서 먼저 도와주세요. 목표는 함께 일하는 동료 직원들 사이 서로 돕는 분위기 만들기입니다.

일이 가장 힘들 때가 언제일까요? 어려운 일을 맡게 된 상황에서 혼자서 어떻게 해야 할지도 모르겠는데 주위에 물어볼 사람도 없을 때입니다. 아무리 일이 어렵고 힘들어도 바로 옆에 물어볼 사람이 있다면 결코 힘들지 않습니다. 일하는 사무실 분위기가 서로 도우려는 분위기라면 일이 즐거워집니다.

그런 사무실이 세상에 어디 있냐고 생각하실 수도 있습니다. 그러나 서로 돕는 사무실 분위기는 내 노력으로 만들어 내는 겁니다. 절대 하늘에서 그냥 떨어지지 않습니다. 그 첫걸음은 옆 직원을 먼저 돕기입니다. 기브 앤 테이크는 그저 진리입니다. 애덤 그랜트가 쓴 『기브 앤 테이크』라는 제목의 책이 베스트셀러가 될 정도입니다. 일하면서 도움을 받고 싶다면 그저 손놓고 앉아서 기다려서는 택도 없습니다. 먼저 도움을 줘야 합니다. 여러분이 먼저 돕는 사람이 많아질수록 여러분을 돕는 사람 또한 덩달아 많아집니다. 실제로 저는 어떤 직장을 다니든 주위에 서로 돕는 직원이 가득했습니다. 특히 마지막 부서에서는 '내가 네 일을 좀 나눠 맡아서 하겠다!'라는 경악스러운 제안을 하는 직원이 있을 정도였습니다. 평소 옆 직원을 유심히 지켜봤고, 그 사람이 혼자 하기에는 버거운 일을 맡았다는 사실을 알아차리고서 꺼낸 제안이었습니다. 물론 저 또한 그렇게 제안하는 동료이기도 했습니다.

비현실적이라 생각하는 분도 있을 겁니다. 그러나 저는 항상 이런 분위기에서만 일해왔습니다. 그리고 그럴 수 있었던 결정적인 이유는 내가 먼저 옆 직원을 도왔기 때문이라 확신합니다. 먼저 옆 직원을 도와보시기 바랍니다. 머지않아 여러분을 돕는 사람들만 주위에 남을 겁니다. 그런 분위기가 일단 조성되면 어떤 일이라도 서로 도와가며 재밌게 할 수 있습니다. 직장이 놀이터로 변하는 순간이 머지않았습니다.

업무 도구 연마하기

일할 때 사용하는 온갖 도구를 자유자재로 사용할 줄 아는 능력! 놀면서 일하기 위해 필수입니다. 여기서 말하는 도구란 예를 들면 아래아 한글, 엑셀, 워드, 노션 등 효율성 도구입니다. 이런 도구들을 자유자재로 쓸 수 있을 때까지 연습하기! 즐거운 직장생활을 위해 가장 첫 번째로 해야 할 일입니다. 왜냐하면 이런 도구들을 자유자재로 다룰 수 있다면 똑같은 일을 하더라도 훨씬 스트레스를 덜 받기 때문입니다. 똑같은 일이라도 훨씬 빠르게 처리할 수 있는 건 물론이고 훨씬 쉽게 처리할 수 있으니 당연히 일 처리 과정에서 받는 스트레스가 훨씬 덜합니다.

생각해 봅시다. 퇴근까지 2시간밖에 안 남았는데 오늘까지 끝내야만 해야 하는 일이 있고, 내 능력에 비추어 그 일을 끝내기 위해서는 4시간이 걸린다면 어떨까요? 시작도 하기 전부터 벌써 스트레스입니다. 그러나 만약 내가 엑셀의 신이라서 겨우 1시간 만에 그 일을 끝낼 수 있는 능력자라면 전혀 스트레스가 아닙니다.

구청에서 일하며 엑셀 실력을 죽도록 연마했습니다. 야근까지 마다 하지 않고 '이 회사에서 나보다 엑셀 잘하는 사람은 없을 거다!'라는 확신이 들 때까지 연습에 연습을 거듭했습니다. 그 결과 남들이 하루 종일 걸릴 일을 1시간이면 끝낼 수 있을 정도 실력을 완성했습니다. 그러다 보니 어떤 일이라도 스트레스 받지 않고 쉽게 처리할 수 있는 실력을 갖출 수 있었습니다. 이렇게 효율성 도구를 100% 활용하는 실력이 생기면, 어느 순간부터는 출근해서 일하는 자체가 그다지 부담스럽지 않은 지경에 이릅니다. 지난 공무원 시절을 돌아보면 놀이터에 가까웠다고 느낍니다. '즐겁게 노는 기분으로' 일했던 기억이 대부분입니다. 업무에 쓰이는 온갖 효율성 도구들을 자유자재로 활용하는 능력을 길렀던 덕분입니다. 이런 태도를 장착하면 일을 즐기면서 할 수 있을 뿐만 아니라 직장생활 자체를 행복한 시간으로 만들 수 있습니다.

컴퓨터 활용 능력은 업무 개선을 꾀하는 데 필수적인 지식임을 명심하라. 『세이노의 가르침』, 세이노, 데이원

한국 자기계발서의 아버지 격인 『세이노의 가르침』 속 한 구절입니

다. 세이노 저자께서는 70세에 가까운데도 엑셀을 다룰 수 있다고 하십니다.

물론 이렇게 연습하려다 보면 당연히 업무 시간 이외에 따로 시간을 써서 공부하고 연습해야만 합니다. 그런데 이에 대해서 다음과 같이 생각하는 분이 많습니다.

돈도 못 받는데 그렇게 회사 좋은 일 시켜주려고 내 여가시간 못 쓴다!

직장인 D씨

퇴근 후 지쳐 쉬고 싶은 심정은 이해합니다. 그러나 이런 시간 투자가 스스로에게 하는 투자인지, 회사에게 하는 투자인지 잘 생각해 봅시다. 열심히 실력을 키우면 내가 스트레스를 덜 받는다는 점에서 나에게 좋을 뿐입니다. 또 배운 건 절대 사라지지 않는다는 점에서도 나에게 좋을 뿐입니다.

퇴사하고 종종 생각합니다. '**직장에서 익힌 워드, 파워포인트, 엑셀 활용 능력이 없었다면 도대체 어떻게 이 난관을 헤쳐 나갔을까?**' 예를 들면 MS워드 활용 능력이 수준급인 덕분에 전자책 출간 과정에서 문서 편집이 훨씬 수월합니다. 똑같은 글을 쓰더라도 작업 스트레스가 대폭

경감됩니다. 그뿐만 아니라 파워포인트 실력 덕분에 디자인 작업을 외부 업체에 수십, 수백만 원 돈을 들여 맡기지 않아도 됩니다. 신의 발명품이라고 불리기까지 하는 엑셀은 말할 것도 없습니다. 사업을 하다 보면 매출 자료도 관리해야 하고 고객 DB도 관리해야 합니다. 엑셀을 못 다루면 정말 답 안 나오는 일입니다.

공무원 시절에 배웠던 능력이 없었더라면 지금의 저는 결코 있을 수 없었습니다. 그런 점에서 일했던 구청에서 오히려 돈을 받는 게 아니라 돈을 냈었어야 했던 게 아닌가 생각하기도 합니다.

회사를 일종의 적처럼 생각하는 태도는 버리시기 바랍니다. 스스로 무덤을 파는 일일뿐입니다. 만약에 제가 공무원 시절에 직장을 적으로 간주하면서 매사 '이딴 일 해서 뭐하나….' 식으로 임했다면, 지금의 저는 결코 없었을 겁니다.

재밌게 일하기는 내면에 달렸을 뿐

대한민국 K-직장인! 불만의 동물입니다. '월급이 적다.', '상사가 XX 맞다.', '일이 너무 많다.', '옆 사람한테서 냄새가 난다.', '업무 시간이 너무 길다.', '휴가가 너무 짧다.' 사내 복도마다, 탕비실마다, 불만의 아우성이 가득합니다. 그런데 놀랍습니다. 불만을 말하는 직원은 항상 정해져 있습니다. 구시렁대는 직원은 하루종일 구시렁댑니다. 이 부서에 가도, 저 부서에 가도, 이 사람에게도, 저 사람에게도, 서울로 발령 나도, 부산에 발령 나도, 제주도에 발령 나도, 울릉도에 발령 나도 끊임없이 불평불만을 늘어놓습니다. 반대로 직장생활에 만족하는 사람들은 언제나 만족합니다. 사무실 분위기를 살립니다. 아침마다 밝게 인사하고, 민원인에게도 친절하고, 옆 직원과도 재밌게 이야기합니다. 똑같은 회사에서 똑같은 일을 하는데도, 누구는 불만만 구시렁대지만 누구는 기쁘게 일합니다. 이 차이는 어디서 오는 걸까요?

그 이유를 2가지 측면에서 생각해볼 수 있습니다. **첫째, 하는 일이 다를 수 있습니다.** 구시렁대는 사람은 구시렁댈 수밖에 없을 정도로 어렵고 힘든 일만 맡을 수도 있습니다. 반면 만족하는 사람은 쉽고 편한 일만 맡은 걸 수도 있습니다. **둘째, 하는 일은 비슷한데 받아들이는 사람마다 태도가 다를 수 있습니다.**

진실은 뭘까요? 조금만 생각해 봐도 첫 번째 이유에는 이상한 구석이 많습니다. 일단 한 회사 내 비슷한 경력 직원들에게 주어지는 일이 크게 다르기는 쉽지 않다는 점입니다. 또 한 사람이 계속 어려운 일만 맡을 동안에 다른 한 사람은 계속 쉽고 편한 일만 맡는다는 건 상식적으로 말이 안 됩니다. 모든 직원이 때로는 어려운 일을 맡기도 하고 때로는 쉬운 일을 맡기도 하면서 비슷한 직장생활을 할 수밖에 없습니다. 따라서 두 번째 설명이 더 타당합니다.

제가 살면서 관찰하고 경험한 바도 두 번째 설명이 진실이라는 사실을 뒷받침합니다. 저는 고등학생 시절부터 아르바이트를 시작했습니다. 그래서 또래들에 비해서는 상대적으로 다양한 업무 경험이 있습니다. 15년간 7가지가 넘는 일터를 거쳤습니다. 영하 20도의 겨울 칼바람에 손가락이 다 터져가며 스쿠터 배달도 해봤고 쌍코피 흘리며 20kg짜리 쌀을 트럭에 싣는 택배 상차 일도 해봤습니다. 공무원 시절에도 동사무소 내방 어르신 안내부터, 폭설 사태에 눈 쓸기, 염화칼슘 뿌리기는 물론, 구청에서 법적 소송을 수행하는 일까지 다양한 업무를 경험했습니다. 사람들이 기피하는 일도, 선호하는 일도 고루 겪어봤습니다. 그런데 저는 무슨 일을 하든 똑같이 일이 재밌었습니다. 그런데 주위를 둘러보면 저와 똑같은 일을 하면서도 구시렁대기만 하는 사람들이 항상 있었습니다. 누구는 남들이 부러워하는 일을 하면서도 구시렁댑니다. 반면 누구는 남들이 기피하는 일을 하면서도 즐깁니다. 왜 그럴까요? 그 결정적 차이는 사람의 내면에 있습니다.

내면으로부터 시작하라.

『성공하는 사람들의 7가지 습관』, 스티븐 코비, 김영사

패러다임 대변혁이 필요합니다. 월급이 적어서 불만이다? 아닙니다. 상사 성격이 XX맞아서 불만이다? 아닙니다. 업무 시간이 너무 길어서 불만이다? 아닙니다. 진실은 마음 속 내면에 있습니다. 마음 속 가득 찬 부정적 찌꺼기들이 불만스러운 직장 환경을 만들어냅니다.

예를 들어 무기력이 마음에 가득한 직장인 '무기력 주임'이 있다고 생각해봅시다. 무기력 주임은 마감 기한이 오늘까지인 중요 프로젝트 담당입니다. 그러나 무기력해서 제때 할 일을 해내지 못하고 있습니다. 옆에서 보면 무기력 씨가 이때쯤이면 프로젝트를 마무리하는 모양이 보여야 합니다만, 이렇다할 소식이 없습니다. 담당 팀장도 그 낌새를 느낍니다.

팀장: 무기력 주임님, 지금쯤이면 보고하실 때가 됐는데요. 어떻게
　　　되가고 있나요?
무기력 주임: …죄송합니다.
팀장: 아니, 당장 오늘이 마감인데, 이제 와서 죄송하다고 하면 어
　　　떡합니까?

무기력 주임: ㅠㅠ

무기력 주임은 팀장님께 혼나서 기분이 좋지 않습니다. 직장생활이 불만스럽습니다. 회사에서 하는 일마다 매번 이런 식이니 그는 점점 더 무기력해집니다.

사람 내면 상태는 이런 식으로 현실을 창조합니다. 현실창조의 원리라고 합니다. 또는 끌어당김의 법칙이라는 말도 자주 쓰입니다. 사람 내면은 자석과 같습니다. 외부에 있는 자기와 비슷한 존재를 죄다 끌어당깁니다.

그러나 다행입니다. 내면의 부정적 찌꺼기가 부정적 현실을 만들어낸다면 그 해결책이 분명합니다. 부정적 찌꺼기를 비워버리면 됩니다. 비워낸 마음에 밝음을 채워 넣으면 됩니다. 내면에 밝음이 가득해지면 그때부터 현실도 똑같이 밝아집니다. 내면에 밝음을 채우기 위해서 멀리 볼 것도 없습니다. 이미 가진 밝음에 집중하면 충분합니다. **우리 주위에는 밝음이 이미 가득합니다.** 아침에 눈 뜨면 햇살이 반깁니다. 아침 식사를 할 수 있습니다. 곁에는 사랑하는 사람들이 있습니다. 저녁에는 편안한 잠자리가 있습니다. 지금 있는 그 밝음에 집중해봅시다.

우리는 운 좋게 꿀보직을 받아서 할 일 없이 인터넷 쇼핑이나 하다
가 퇴근하는 직장생활을 꿈꿉니다. 그게 최고 '재밌는 직장생활'이라
는 환상에 젖곤 합니다. 그러나 전혀 아닙니다. 재밌게 일하는 직장은
외부 환경에 있지 않습니다. 진실은 항상 마음속에 있습니다.

3장

세상에서 가장 완벽한
퇴사 가이드

어떻게 서슴없이 사직서를 던질 수 있었느냐? 놀라워하시는 분이 많습니다. 금수저가 아니냐고 의심하곤 하십니다. **'돈이 많아 좋겠네! 나도 돈 많으면 퇴사할 텐데…'** 그러나 돈이 결코 아닙니다. 저는 금수저가 전혀 아닙니다. 그렇다고 모아놓은 돈이 많지도 않았습니다. 사직서 던지는 용기는 그런 데서 나오지 않습니다.

그러면 용기가 어디서 나오냐고요? '준비'입니다. 하물며 계란프라이를 하나 요리하더라도 프라이팬을 미리 예열해서 준비해야 합니다. 그런데 인생을 뿌리째 뒤흔들 공무원 퇴사를 앞두고 막무가내로 할 수는 없는 노릇입니다. 철저한 준비만이 사직서를 던질 수 있는 용기를 줍니다.

퇴사하기 전 반드시 미리 챙겨야 하는 4가지 필수 준비사항을 짚어드리겠습니다. 미리 준비하면 퇴사 후 미래를 밝혀줄 4가지! 그것은 **멘탈, 돈, 시간, 퍼스널브랜드**입니다.

첫째, 멘탈을 준비해야 합니다. 퇴사 후 자립을 시도하다 보면 멘탈이 산산조각날 때가 많습니다. 남과의 비교, 불안, 두려움, 초조함 등, 우리 멘탈을 박살내는 멘탈 파괴자들이 곳곳에 도사리고 있습니다.

둘째, 돈 쓰는 시스템을 미리 구축해야 합니다. 돈 쓰는 시스템이란 쓸데없는 낭비를 최소화하는 '돈 쓰는 규칙'을 말합니다. '규칙에 따라 돈 쓰는 습관'을 통해 탄탄한 소비 시스템을 구축할 수 있습니다. 퇴사 후에는 직장인처럼 따박따박 들어오는 월급 같은 건 없습니다. 따라서 돈을 철저한 시스템에 따라 쓰는 습관을 미리 갖춰야 합니다. 함부로 돈을 낭비하는 습관과는 작별해야 합니다. 그렇지 않으면 한 순간에 바닥을 치는 통장 잔고를 마주하고 절망할 수밖에 없습니다. 바닥을 향하는 통장잔고는 우리 멘탈을 무너뜨리는 가장 강력한 빌런입니다. 미리미리 돈 쓰는 시스템을 구축해서 낭비를 없애면 멘탈을 보전할 수 있습니다.

셋째, 시간관리를 준비해야 합니다. 퇴사하면 24시간을 온전히 내 능력으로 관리하고 활용해야 하기 때문입니다. 직장인일 때와는 차원이 다른 시간관리 능력이 필요합니다. '어나더레벨' 시간관리 능력을 미리 갖춰야만 회사 시스템을 벗어나서도 망나니처럼 망가지지 않을 수 있습니다.

넷째, 퍼스널브랜드입니다. 바야흐로 핵개인시대! 회사 시스템을 벗어나 개인으로 자립하고자 할 때 미리미리 구축해놓은 퍼스널브랜드만큼 든든한 지원군은 단연코 없습니다. 잘 꾸려놓은 퍼스널브랜드는 돈도 벌어다 줍니다. 뿐만 아니라 나만의 고유한 가치를 세상에 전하는 통로가 되어주기도 합니다. 퍼스널브랜드를 미리미리 만들지 않을 이유가 없습니다.

1) 멘탈붕괴 준비: 최악 시뮬레이션

퇴사 후 창업! '대표님' 소리를 들으며 자유롭게 일하는 장밋빛 미래를 꿈꿉니다. 대표인 내게 명령하는 상사 따위는 이제 없습니다. 시간적으로도 경제적으로도 자유롭습니다…만, 그렇게 뜻대로 되면 참 좋겠습니다. 그러나 장밋빛은커녕 어둠의 흙빛이 드리웁니다. 망해서 수억 원 빚을 떠안고 길거리에 내몰리는 경우가 훨씬 많습니다. 첫 시도부터 성공하는 경우는 드물기 때문입니다. 통계청 기업생멸행정통계에 따르면 새롭게 창업한 기업 중 절반은 2년 내 망한다고 합니다. 예상했던 장밋빛 미래가 아니라 흙빛에 뒤덮인 현실이 닥치면 우리 멘탈은 붕괴합니다.

꼭 사업이 망해서 수억 원 빚을 지고 길거리에 몰리지 않아도 그렇습니다. 멘탈붕괴는 퇴사 후 밥 먹듯이 겪는 일입니다. 기댈 수 있는 안정적 회사 시스템은 없기 때문입니다. 창업하면 물론 매월 1,000만 원, 2,000만 원, 심지어 억 단위의 막대한 사업소득을 누릴 수도 있습니다. 그러나 그만큼 위험도 큽니다. 이번 달에 억 단위 매출을 올렸

다가도 바로 다음 달에 쫄딱 망해서 신문지와 돗자리를 챙겨야 할 수도 있습니다. 서울역 노숙을 준비해야 하기 때문입니다. 이런 불안한 환경이 호시탐탐 우리 퇴사자 멘탈을 노립니다. 잠깐이라도 긴장의 고삐를 놓치면 우리 유리멘탈은 즉시 붕괴합니다. 퇴사 후 1년이 지난 지금까지도 저는 한달에 한번 꼴로 멘탈붕괴의 위협을 느낍니다.

다행히 멘탈붕괴, 미리 대비할 수 있습니다. 멘탈붕괴를 어떻게 미리 대비하냐고요? 아주 좋은 전략이 있습니다. 바로 **최악 시뮬레이션**입니다. 즉 최악의 상황을 미리 가정해보는 전략입니다. 퇴사 후 창업해서 쫄딱 망하면 어떻게 될까? 미리 생각해봅시다. 예를 들어 카페를 개업했지만, 1년도 되지 않아 망했다면요? 모아놓은 돈은 몽땅 날렸고 졸지에 수억 원 빚더미에 눌러앉게 되었다면요? 빚을 갚기 위해 새벽 5시부터 밤 11시까지 하루 중 18시간을 쉴 틈 없이 일해야 한다면요? 팔 벌리면 양쪽 벽에 닿는 고시원에서 살아야 한다면요? 그 고시원에서는 옆 방 화장실 물 내리는 소리가 다 들립니다. 전용 화장실이 있으면 그나마 고급 고시원입니다. 공용 화장실, 공용 샤워장을 써야 할 수도 있습니다.

그런 상황도 이겨낼 자신이 있나요? 아니면 도저히 버텨낼 수 없나요? 이겨낼 자신이 있다면 서슴없이 퇴사하셔도 됩니다. 그게 아니라면 신중해야 합니다. 이렇게 미리 최악을 생각해 봄으로써 멘탈붕괴 사태에 미리 대비할 수 있습니다. 퇴사 후 어떤 상황이 닥치더라도 이미 다 예상했던 결과에 불과하기 때문입니다.

저는 퇴사를 감행하기 전 미리 최악의 상황을 모두 그려봤습니다. 시뮬레이션 결과, 어떤 상황이 닥치더라도 이겨낼 수 있다는 확신이 있었기 때문에 자신 있게 사직서를 내던질 수 있었습니다. 일단 아무리 고된 일이라도 재밌게 해낼 수 있다는 확신이 있었습니다. 19살 고등학생 시절부터 이미 아르바이트를 시작하면서 산전수전 겪어봤기 때문입니다. 배달 4년, 술집 서빙 1년, 그 외에도 택배 상하차, 수영장 라이프가드 등, 군 복무기간만 빼고 항상 온갖 일을 하며 자랐습니다. 그런 경험에서 스스로가 '무슨 일이든 다 잘 해낼 수 있는 사람'이라는 사실을 익히 알고 있었습니다. 그 일이 고되든, 힘들든, 급여가 적든, 남들이 깔보는 일이든, 기쁘게 해낼 수 있었습니다. 한편 고시원에서도 잘 살아갈 수 있다는 확신이 있었습니다. 대학생 때 이미 영하 20도 겨울에 난방도 되지 않는 고시원에서 바들바들 떨며 잠을 청했던 적이 있기 때문입니다.

퇴사를 실행하기 전에 반드시 최악 시뮬레이션 작업을 거치시기 바랍니다. 그 과정에서 퇴사라는 꿈이 진짜 간절한 꿈이 맞는지, 아니면 순간적 충동에 불과한지도 분명해집니다. 순간 충동으로 마음먹은 퇴사라면 최악의 상황에 닥치는 하루 18시간 고된 노동을 결코 견딜 수 없습니다. 영하 20도 겨울에 난방이 안 되는 고시원 환경을 견디기는 힘듭니다. 반면 퇴사가 진짜 간절한 꿈이라면, 하루 18시간 고된 노동이든 바들바들 떨며 자야 하는 고시원 환경이든 기쁘게 받아들일 수 있습니다.

여러분들은 어떠신가요? 최악의 상황이 닥치더라도 기꺼이, 기쁘게 받아들일 수 있나요? 그렇다면 용기를 내셔도 좋습니다. 사직서를 자신 있게 내던지시기 바랍니다. 그게 아니라면 여유를 두고 천천히 생각해 보시기를 바랍니다.

2) 돈 쓰는 시스템 구축하기

8월 31일 현재, 통장 잔액이 10만 원뿐입니다. 그런데 당장 내일 9월 1일에 아파트 관리비, 휴대폰 통신료, 보험료 등으로 100만 원이 빠져나가야 한다고 생각해 봅시다. 이런 상황에서 멘탈을 정상적으로 보존할 수 있는 사람은 많지 않습니다.

퇴사하면 이런 돈 위기를 겪을 일이 많습니다. 더 이상 따박따박 들어오는 월급은 없기 때문입니다. 통장 잔액이 0원으로, 심지어 바닥을 지나 마이너스로 향해 갈 때 멘탈은 산산조각 납니다. 그 충격은 겪어 보지 않은 사람은 상상하기 어렵습니다. 타이슨 핵펀치보다 파괴적이라는 말이 있습니다.

퇴사 후 타이슨 핵펀치급 돈 충격을 맞고 멘탈 붕괴를 겪지 않으려면 어떻게 해야 할까요? 해답은 유일합니다. 퇴사하기 전부터 지출을 철저하게 관리하는 능력을 미리 갖추기뿐입니다.(물론 금수저시라면 할 말 없습니다만.) 당장 내일 100만 원이 빠져나가야 하는데 통장 잔액이 10만 원밖에 없다니! 그런 상황을 왜 겪을까요? 그 이유는 분명합니다. 돈을 함부로 쓰기 때문입니다. 즉 지출을 제대로 관리하지 못하기 때문입니다. 돈을 함부로 대하지 않는 사람, 즉 지출을 제대로 관리할 줄 아는 사람은 평생 이런 일을 겪지 않습니다. 왜냐하면 위기가 닥치기 전에 미리 손을 써놓기 때문입니다. 따라서 미리미리 지출을 철저하게 관리하는 습관을 들이고 퇴사할 필요가 있습니다. 즉 돈 쓰는 시스템을 미리 구축해야 합니다.

월급쟁이 시절에는 지출을 제대로 관리하지 못해도 당장 큰일이 나지는 않았습니다. 왜냐하면 잔액이 메말라갈 때쯤 사막에 오아시스 발견! 월급이 따박따박 입금되기 때문입니다. 월급이 타이슨 핵펀치를 방어해주는 방패 역할을 합니다. 그러나 퇴사 후 야생에는 오아시스 같은 건 절대 없습니다. 핵펀치가 날아오면 그대로 맞고 기절하는 수밖에 없습니다.

다행히 저는 퇴사하고 나서 타이슨 핵펀치를 잘 방어했습니다. 미리 지출관리 시스템이라는 방패막을 잘 구축해 놓은 덕분입니다. 이 방패가 없었다면 저 또한 핵펀치를 맞고 회생불능 상태에 빠졌을 수 있습니다. 그러면 이 책이 세상에 나오지 못했겠죠. 완벽한 퇴사로 이끄는 돈 쓰는 시스템 구축! 가이드 2스텝을 제안합니다.

스텝 1. 나는 얼마가 필요한 인간인가?

돈 쓰는 시스템 구축하기! 그 첫걸음은 나는 얼마가 필요한 인간인가? 정확하게 파악하기입니다. 자본주의 경제는 황금 지상주의! 돈! 돈! 노래를 부르는 시대입니다. 그러나 참 웃깁니다. 돈이 중요하다고 노래는 부르지만, 돈에 대해서 진지하게 생각하는 경우는 많지 않습니다. 한달에 내가 얼마가 필요한지 정확하게 아는 사람은 거의 없습니다. 배달의 민족으로 별생각 없이 치킨을 주문하곤 합니다. 그러나 정확하게 한 달 치킨 값으로 얼마를 쓰는지 정확하게 아는 사람은 없습니다. 스타벅스에서 값비싼 음료를 밥 먹듯 주문하면서, 한 달 스타벅스 음료 값으로 얼마를 쓰는지 정확하게 아는 사람은 없습니다. 1달 식비로 얼마가 필요한가요? 1달 커피값으로 얼마가 필요한가요? 1달 간식 값으로 얼마가 필요한가요? 물어보면 정확하게 대답할 수 있는 사람은 드뭅니다. 돈의 노예에 가깝습니다. 이런 노예 상태를 벗어나지 못하면 타이슨 핵펀치 먹잇감으로 전락할 수밖에 없습니다.

가계부 쓰기

나는 얼마가 필요한 인간인지 정확히 파악하기! 어떻게 시작해야 할까요? 가계부 쓰기가 유일한 해법입니다. 귀찮아서 그런 건 쓸 수 없다고 생각하실 수 있습니다. 그러나 스마트한 디지털 기기가 넘쳐나는 21세기! 가계부 쓰기가 귀찮을 수가 없는 시대입니다. 최근에 나오는 스마트 가계부 앱은 거의 자동에 가까울 정도로 쉽고 간편하게 지출 내역을 정리해 줍니다. 통장, 카드 사용 내역을 자동으로 정리해 주는 앱도 많습니다. 스마트 가계부 앱을 활용해서 나만의 가계부를 매월 작성하고 매월 점검하는 습관을 들여봅시다. 내가 얼마가 필요한 인간인지 파악하는 유일한 방법입니다. 돈 쓰는 시스템을 구축하기 위해서 필수입니다!

💡 팁 1. 낱낱이 파악하기

지출 내역은 가능한 한 낱낱이 파악합시다. 정확할수록 좋습니다. 식비로, 커피값으로, 간식비로, 경조사비로, 머리 자르는 비용으로, 넷플릭스, 음악스트리밍 구독비용으로, 친구들 생일에 보낼 카카오톡 선물하기 비용으로, 화장실 두루마리 휴지 비용, 계절마다 옷 사는 비용으로, 양말에 구멍이 났을 때 새로 양말을 구입하는 비용으로 매월 얼마가 필요한지 낱낱이 파악해야 합니다.

단 1원도 놓쳐서는 안 됩니다. 1,000원~2,000원 정도 간식비는 별거 아니라고 무시하는 경우가 있습니다. 마찬가지로 자동차 보험료, 통신요금, 인터넷 사용료 같이 매월 나가는 지출도 당연히 나가는 지출로 여겨 놓치기 쉽습니다. 그러나 1원도 놓치면 안 됩니다. 1원을 놓치기 시작하는 순간 1만 원도, 10만 원도, 100만 원도 놓치게 되기 때문입니다. 1원도 관리하지 못하는 사람은 1만원도, 10만 원도, 100만 원도 관리하지 못합니다.

💡 팁 2. 작은 지출이 더 무섭다

퇴사 후 작은 지출을 극도로 경계했습니다. 넷플릭스 구독, 쿠팡 멤버십 구독처럼 작은 지출을 병적으로 꺼렸습니다. 이런 지출들은 작다고 무시하기 쉽습니다. 그러나 작기 때문에 오히려 더더욱 조심해야 합니다. 특히 구독형 지출을 극도로 경계해야 합니다. **'그까짓 거 얼마나 한다고~'** 큰돈이 아니라고 별생각 없이 구독하게 되기 때문입니다. 넷플릭스, 쿠팡 멤버십 구독 지출! 요즘 시대 누구나 하나씩을 구독하고 계실 겁니다. 그러나 **티끌 모여 태산!** 어느 순간 정신차리면 눈덩이처럼 불어난 구독 지출이 여러분의 목을 조여올 겁니다. 과연 넷플릭스를 진짜 필요해서 보는지 아니면 도파민 중독 현상으로 의미 없이 리모컨 스크롤링만 하는지 심각하게 생각해 볼 필요가 있습니다. 의미 없는 지출은 전부 쳐내야 합니다.

뭘 사든 **3일, 3번 더 생각해보기** 전략을 취해봅시다. 넷플릭스를 구독해야겠다는 충동이 들 때 잠깐 브레이크를 걸고 이성의 힘을 작동시켜야 합니다. 이성의 힘으로 3번만 더 생각해 봅시다. 하루, 이틀, 사흘째 되는 날까지 그걸 꼭 사야 하는지 생각해봅시다. 아마 대부분 사지 않는 게 옳다는 결론에 이르게 될 겁니다.

💡 팁 3. 신용카드와 작별하기

신용카드와 작별! 중요 과제입니다. 신용카드가 혜택이 좋다는 이유로 포기하지 못한다고 주장하시는 분이 많습니다. 물론 신용카드 포인트, 제휴할인 등 혜택이 있을 수 있습니다. 그러나 혜택이 아무리 좋아도 치명적 단점을 커버하지 못합니다. 신용카드는 지출 내역을 정확하게 파악하는 데 교란을 줍니다. 돈을 쓰는 시점(카드를 긁는 시점)과 돈이 실제로 통장에서 빠져나가는 시점이 다르기 때문입니다. 마트에서 TV를 사고 카드를 긁은 시점은 6월인데, 그 돈이 통장에서 빠져나가는 시점은 7월입니다. 게다가 이 카드는 1일에 출금, 저 카드는 10일에 출금, 그 카드는 15일에 출금…. 안 그래도 현대인들은 온갖 소비지출이 많은지라 지출 내역을 낱낱이 파악하기 어렵습니다. 그런데 신용카드를 쓴다? 엎친 데 덮친 격! 이렇게 교란이 있다면 안 그래도 파악하기 어려운 지출내역, 정확하게 파악하기란 거의 불가능에 가까워집니다.

신용카드 쓰는 습관을 들이기 시작하면 무이자 할부라는 달콤한 유혹의 노예로 전락할 위험도 큽니다. 평소 무이자 할부로 물건을 사는 습관이 있으신가요? 적색경보입니다. 미래 소득을 끌어당겨 지금 쓰는 습관은 돈의 노예가 되는 지름길입니다. 모든 신용카드를 당장 잘라 버리시기 바랍니다! 체크카드를 씁시다.

단언컨대 신용카드를 사용하는 사람은 절대 부자가 되지 못한다. 『돈의 속성』, 김승호, 스노우폭스북스

스텝 2. 돈 쓰는 규칙 정하기

내가 한 달에 얼마가 필요한 인간인지 파악하셨나요? 다음은 돈 쓰는 규칙을 정하는 단계입니다. 한 달에 식비로, 커피값으로, 간식으로, 휴대폰 통신비로, 자기계발 비용으로 최대 얼마를 쓸 건지, 항목별 상한선을 규칙으로 정해야 합니다. 그리고 규칙에 따라 돈을 씁시다. 회사에서 오후 6시 퇴근 시간이 되면 칼퇴근하듯, 지출 상한선에 도달하면 즉시 지출을 멈춰야 합니다. 저는 사진처럼 엑셀로 자료를 만들어서 항목별로 내가 쓸 수 있는 최대 상한 금액을 명시해놓곤 합니다. 이 자료가 매월 지출 가이드가 됩니다.

지출 가이드(예)

지출항목	매월 상한선
식비	₩ 200,000
카페	₩ 30,000
간식	₩ 20,000
가족 선물	₩ 100,000
지인 선물	₩ 50,000
용돈	₩ 100,000
...	
...	

　위와 같이 규칙을 만들 때는 '스텝 1. 가계부 쓰기'를 참고합시다. 가계부를 쓰면서 계산한 한 달 필요 금액을 고려해야 합니다. 무리해서 절제하려고 할 필요도 없습니다. 돈 쓰는 시스템을 구축하는 목적은 절제가 아닙니다. 물론 절제도 중요하긴 하지만 '규칙에 따라서 돈 쓰는 습관' 잡기가 우선입니다. 돈을 규칙에 따라 쓰는 시스템이 없으면 그때그때 욕망에 따라 충동적으로 돈을 낭비하게 되기 때문입니다. 빨래 건조대로 전락한 헬스 사이클이 집집마다 많습니다.

충동구매의 폐해, 빨래 건조대로 전락한 헬스 사이클

이런 현상이 발생하는 이유가 뭘까요? 돈을 규칙에 따라 쓰지 못하고 충동적으로 쓰기 때문입니다. 충동이 아니라 규칙에 따라 돈을 쓰는 습관을 잡으면 절제는 저절로 따라옵니다.

돈 쓰는 규칙 지키기! 의지로는 불가능합니다. 월요일에 시작한 다이어트는 항상 화요일에 끝납니다. 강제력이 필요합니다. 통장 쪼개기를 추천합니다. 매월 규칙에 따라서 쓸 금액만 따로 통장에 넣어 놓고 체크카드로 써야 합니다. 그리고 나머지 돈은 내 마음대로 쓸 수 없게 묶어버리는 강제력이 필요합니다. 약해 빠진 의지에만 기대면 100% 실패합니다. 저는 매월 쓰는 금액만 넣어두는 통장을 따로 만들었습니다. 나머지 돈은 깰 수 없는 적금에 넣어서 묶어버리는 전략을 씁니다. 절대 나약한 의지에 기대지 마시기 바랍니다.

3) 퇴사 후 창업? 아이디어가 아니다

오후 2시, 부드러운 햇살이 내리쬐는 카페 테라스입니다. 잔잔한 클래식 음악이 나옵니다. 달달한 케이크와 시원한 아메리카노 조합을 즐깁니다. 느긋하게 책을 읽습니다. 1년 전, 공무원들이 빽빽하게 둘러앉은 사무실에서 키보드를 두들기던 내 모습과는 딴판입니다. 너무나 행복합니다.

퇴사 후 이런 일상을 상상하셨을 겁니다. 그러나 찬물을 끼얹어 죄송합니다. 그런 행복은 찰나에 불과합니다. 왜냐하면 우리는 '날 것 그대로' 야생에 홀몸으로 내던져졌기 때문입니다. '날 것 그대로 야생'에는 지금껏 기대던 회사 시스템 따위 없습니다. 9시까지 출근할 곳은 없습니다. 아침에 울리는 자명종은 없습니다. 저녁 6시, 땡 쳐도 똑같이 집입니다. 따로 돌아갈 곳은 없습니다. 의지할 곳이 없어지면 오갈 데 없이 표류할 위험이 큽니다. 퇴사 후 야생, 그 현실입니다.

야생 정글에 내던져진 우리는 어디에 기대야 할까요? 기댈 곳은 오로지 단 한 곳뿐입니다. **자신!** 스스로에게 기댈 수밖에 없습니다. 내가 무너지면 모든 것이 무너집니다. 스스로에게 기대어 야생에서 살아남기 위해서는 어떻게 해야 할까요? 정답은 하나뿐입니다. 자기관리입니다.

퇴사 후 창업해서 자립하기! 많은 분들께서 사업 아이디어가 좋아야 한다고 생각하십니다. 혁신적 아이디어로 대박 쳐야 한다고 생각하십니다. 그러나 아닙니다. **아이디어가 아니라 자기관리입니다.** 사업 성공! 그 뿌리는 자기관리 성공입니다. 사업체는 결코 그 사업을 운영하는 사장의 역량 이상으로 성장할 수 없기 때문입니다. 사장의 그릇이 곧 사업의 그릇입니다.

> **사업상 발생하는 많은 문제들은 알고 보면 사실상 개인의 문제들이다.** 『당신은 사업가입니까』 캐럴 로스, 알에이치코리아

따라서 자기관리에 성공할 수 있는지는 퇴사 후 무슨 아이디어로 뭘 할지보다 100배 더 중요합니다. 자기관리에 성공할 자신이 있나요? 9시에 강제로 출근할 회사가 없어도 알아서 잘 일어날 자신이 있나요? 하루를 스스로 계획해서 체계적으로 끌고 갈 자신이 있나요? 누가 시키지 않아도 할 일을 척척 해낼 자신이 있나요? 그러면 얼마든지 퇴사하셔도 됩니다. 그럴 자신이 없나요? 그러면 준비가 덜 됐습니다.

자기관리, 시간관리

관리 없는 혁신은 없다 『돈이 되는 말의 법칙』, 간다 마사노리, 살림

자기관리란 시간관리입니다. 시간을 지배하는 자만이 자신을 지배합니다. 퇴사 전에 시간을 지배하는 능력을 미리 갖추고 나와야 합니다. 퇴사하면 하루 24시간이 온전히 내게 주어집니다. '이제 자유다!' 환호성을 지르실 수 있지만 그리 간단한 문제가 아닙니다. 왜냐하면 이제는 전혀 다른 차원, '어나더레벨' 시간관리 능력이 필요하기 때문입니다. 회사 다닐 때는 하루 중 고작 6시간 정도만 관리할 수 있어도 충분했습니다. 출퇴근 1시간을 포함해서 10시간을 회사에서 보낸다고 치면, 온전히 나에게 주어진 시간은 겨우 6시간에 불과하기 때문입니다.(잠자는 시간 8시간 가정)

하루 24시간 - 8시간(잠) - 10시간(회사) = 6시간(관리해야 하는 시간)

그러나 퇴사 후 야생은 전혀 다른 세상입니다. 16시간이라는 거대한 시간이 내게 주어집니다. 즉 회사 다닐 때는 순전히 내 능력으로 관리해야 하는 시간이 6시간에 불과했지만, 퇴사하고 나면 **거대 16시간**을 관리할 줄 알아야 하는 겁니다.

6시간을 관리할 때 필요한 능력과 16시간을 관리할 때 필요한 능력은 전혀 다릅니다. 마치 10m짜리 횡단보도를 뛰는 능력과 42km 마라톤을 뛰는 능력은 전혀 다른 것과 마찬가지입니다. 따라서 퇴사를 앞두고 있다면 16시간을 관리할 줄 아는 '어나더레벨' 시간관리 능력을 미리 갖출 필요가 있습니다. 다행히 퇴사하기 전부터 충분히 연습할 수 있습니다.

시간이 많다는 망상

직장인은 보통 9시부터 18시까지 일합니다. 이렇게 불평하곤 합니다. '하루 9시간이나 일하느라 죽겠어ㅠㅠ.' **과연 그럴까요?** 철저하게 '진짜 일한' 시간을 계산해 볼 필요가 있습니다. '진짜로' 일한 시간은 얼마나 될까요? '쉬운 계산이네! 18 − 9 = 9! 9시간 동안 일한 거지!' 라고 생각하셨다면, 오산입니다. '아! 정답!' 물론 점심시간 1시간을 빼야 하니까, 8시간 일한 거겠죠?

전혀 아닙니다. 화장실 간 시간, 탕비실에서 커피 내리며 노닥거린 시간, 옆 사람과 떠든 시간, 휴대폰 만지작거린 시간, 유튜브 보며 날린 시간, 인터넷 쇼핑몰 들락날락한 시간은 전부 제외해야 합니다. 그래야만 '진짜로 순수 활용한' 시간을 계산할 수 있습니다.

실제로 각 잡고 계산해보면 허비하는 시간이 충격적일 정도로 많다는 사실에 놀라게 됩니다. 제 경험상 회사에서 보내는 9시간 중 순수 활용 시간을 계산해보면 **많아야 3시간** 정도밖에 되지 않습니다. 즉 하루 9시간을 일한다고 착각하기 쉽습니다만, 사실 그 중 6시간은 버리고 있습니다. 그 정도로 우리의 '진짜' 시간활용 효율은 형편없습니다. 9시간 중에 3시간만 제대로 일한다면, 3/9 = 33%이니, 우리가 **일한다고 생각했던 시간 중 60% 가까이는 허비**되고 있는 겁니다.

이런 불편한 진실을 직시해야 합니다. 그렇지 못하면 우리는 매우 위험한 망상에 빠져서 시간을 허비합니다. 위험한 망상이란 시간이 넉넉하다는 착각입니다. 정신 똑바로 차려야 합니다. 시간이 넉넉하다? 그런 건 망상입니다. '진짜 쓸 수 있는 시간은' 결코 넉넉하지 않습니다.

단적인 예로 시험기간에 학교 도서관에서 밤새워 벼락치기하던 때를 돌아봅시다. 우리는 밤새워 공부하면 시간이 많을 거라는 착각에 빠져 안도하곤 합니다.

괜찮아! 지금까지 공부 좀 못했지만 만회할 수 있어!
원래 자는 시간 8시간을 안 자고 공부시간하면 되니까!
공부할 시간 많잖아!

그러나 아침 해는 눈 껌뻑하면 우리를 반깁니다. 우리는 해가 뜨고 나서야 얼마나 위험한 망상에 빠졌었는지 깨닫게 됩니다. F 성적을 받은 후에는 이미 늦었습니다. 벼락치기의 실태는 대부분 이렇습니다.

저녁 8시

'지금부터 내일 아침 8시까지 공부해야지! 시간이 많아서 좋군!' '시간도 많은데, 집에서 씻고 조금만 쉬다 올까?'

(집에서 2시간 논다.)

저녁 10시

'이제 본격적으로 시작해 보자! 그런데 배가 좀 고프네. 친구랑 매점에서 가볍게 야식을 먹고 시작해 볼까? 어차피 아침까지 시간 많잖아?'

(12시까지 논다.)

저녁 12시

'진짜 시작이다! 퐈이아! 역시 시험공부는 밤샘이지! 아침까지 공부할 시간 많아!'

(꾸벅꾸벅 졸기 시작한다.)

새벽 2시

'역시 밤새워 공부하기가 쉽지 않군… 이제부터라도 불태운다!'

(새벽 2시까지 누적 공부시간: 0시간)

(새벽 4시까지 깨작깨작 공부한다.)

새벽 4시

'너무 졸리다….'

(새벽 4시까지 누적 공부시간: 2시간)

아침 8시

도서관 자리에 엎어져 자고 있다.

(아침 8시까지 누적 공부시간: 2시간)

하룻밤 꼴딱 새워봤자 진짜 공부한 시간은 많아야 2~3시간에 불과합니다. 시간이 넉넉하다는 근거 없는 망상은 이래서 위험합니다.

사실 직장인일 때까지는 망상에 좀 빠져도, 시간 좀 허비해도 괜찮습니다.(물론 사장님이 모른다면) 왜냐하면 3시간을 허비하건 6시간을 허비하건 9시간을 허비하건, 받는 월급은 똑같기 때문입니다. 물론 업무시간 9시간 중 9시간을 허비하고 앉아 있으면 티가 나기 때문에 조만간 쫓겨나겠지만, 그럼에도 불구하고 쫓겨나기 전까지는 따박따박 월급이 나옵니다.

그러나 퇴사해서 야생에 내던져지면 이야기가 전혀 다릅니다. 내가 **허비하는 시간은 내 지갑 두께와 곧장 연결됩니다.** 1인 사업가 또는 프리랜서는 허비하는 시간이 많을수록 지갑 두께가 급격하게 얇아집니다. 빈둥빈둥 놀면 놀수록 통장 잔고는 빠르게 바닥에 처박힙니다. 물론 바닥을 지나 지하세계도 있습니다. 따라서 퇴사 후 야생에서는 허비하는 시간과 전쟁을 벌여야 합니다. 허비하는 시간을 획기적으로 줄이면 줄일수록 즉시 지갑이 두둑해지기 때문입니다.

그 첫걸음은 시간이 넉넉하다는 망상에서 벗어나기입니다. 시간은 우리 생각처럼 넉넉하지 않습니다. 9시부터 18시까지 회사에 앉아 있다고 해서 나에게 9시간이 주어지지 않았습니다. '진짜 주어진 시간'은 그 절반도 되지 않습니다. 그럼에도 불구하고 우리는 9시간이라는 거대한 시간이 주어진 것처럼 착각하곤 합니다. 이 위험한 망상을 극복해야 합니다.

어나더레벨 시간관리법: '순수 활용시간' 모니터하기

시간이 넉넉하다는 망상에 빠지는 이유가 뭘까요? 시간활용 현황을 제대로 모니터해본 적이 없기 때문입니다. 오늘 10시간 일했다면 그 중에서 진짜 활용한 시간이 몇 시간인지, 활용하지 못하고 날려버린 시간은 몇 시간인지, 시간 활용 현황을 모니터하는 습관을 들이면 즉시 망상에서 벗어날 수 있습니다. 이런 모니터 작업을 한번이라도 해보면 시간이라는 존재가 얼마나 소중한지, 그 현실을 직시할 수 있습니다. 따라서 저절로 순수 활용시간은 극대화하고 허비하는 시간은 최소화할 수 있습니다.

제가 퇴사 후 자립하기 위해 오래 연마한 어나더레벨 시간관리법을 가이드로 제안합니다. 이 방법을 잘 활용하면 내가 진짜 쓸 수 있는 '순수 활용시간'이 얼마나 되는지, 의미 없이 날려버린 시간은 얼마나 되는지 정확하게 파악할 수 있습니다. 따라서 시간이 넉넉하다는 근거 없는 망상에서 벗어날 수 있습니다. 결국 허비하는 시간을 최소화하고 퇴사 후 정글에서 너끈히 자립할 수 있는 어나더레벨 시간관리법을 습득하실 수 있습니다.

순수 활용시간 측정 → 시각화 → 모니터하기

어나더레벨 시간관리법 입문은 업무시간 중에 진짜 활용한 **순수 활용시간만을 측정**해 보며 시작됩니다. 물론 측정에서 그치면 안 됩니다. 측정 결과를 **한눈에 볼 수 있도록 시각화**해야 합니다. 나아가 시각화 자료를 **끊임없이 모니터**해야 합니다. 이는 즉 스스로를 모니터하는 작업과도 같습니다.

이때 중요한 원칙은 '진짜 일한 시간만' 측정해야 한다는 점입니다. 9시에 출근하면 탕비실에서 커피 내리느라, 화장실 갔다 오느라, 옆 사람이랑 근황 토크하느라 이미 30분은 까먹고 업무를 시작하는 경우가 있습니다. 이런 시간은 전부 제외하고 측정하는 겁니다.

고3 수험생들이 많이 활용하는 '스톱워치 공부법'을 들어보신 적 있나요? 공부시간을 극대화하기 위해서 스톱워치를 항상 들고 다니며 공부한 시간만 측정하는 공부법입니다. 이 방법은 측정한 공부시간을 점검하면서 스스로를 채찍질할 수 있기 때문에 인기가 좋습니다. 저도 공무원 수험생 시절에 실제로 이 방법을 유용하게 활용했습니다. 달력 사진은 실제로 제가 공무원 수험생 시절에 공부시간을 기록한 자료입니다.

스톱워치 공부법 활용 예시

날짜 아래 적힌 작은 숫자가 그날 순수 공부시간입니다. 이 시간이 10시간 미만으로 떨어진 날은 망한 날입니다. 반대로 10시간 이상 달성했다면 성공한 날입니다. 이렇게 매일매일 공부시간을 측정하고 기록하고 점검하면서 스스로를 채찍질합니다.

이 방법의 강점은 시각화입니다. 보이지 않는 시간을 기록함으로써 눈에 보이게 만들 수 있습니다. 그럼으로써 내가 시간을 잘 쓰고 있는

지, 아니면 망나니처럼 망가지고 있는지를 한눈에 목격할 수 있습니다. 달력을 봤을 때 10시간 미만 '망한 날'이 지나치게 많으면 경각심을 느끼게 됩니다.

'아! 망나니가 돼가고 있구나! 계속 이런 식이면 나는 망한다!
정신 좀 차리자!'

지금 말씀드리려고 하는 순수 활용시간 기준 시간관리법도 스톱워치 공부법과 비슷합니다. 공부시간이 업무시간으로 변할 뿐입니다.

순수 활용시간 측정 & 모니터 툴

순수 활용시간을 측정하고 모니터하려면 어떻게 해야 할까요? 전통적 도구는 스톱워치입니다만 시계를 굳이 챙겨서 항상 소지하고 다녀야 하는 점이 불편합니다. 그리고 측정한 시간을 굳이 기록해야 하기 때문에 번거롭습니다. 이 두 가지 불편을 한 방에 해소할 수 있는 무료 툴을 추천드립니다. 토글트랙이라는 웹사이트입니다. 여기서 무료로 활용시간을 측정하고 쉽게 모니터할 수 있습니다.

토글트랙 사이트 바로가기

https://track.toggl.com/timer

토글트랙 프로그램은 스마트폰 앱도 있어서 군이 별도 시계를 챙겨서 들고 다니지 않아도 됩니다. 휴대폰, 태플릿, 데스크탑 모두 동기화가 잘 된다는 점도 장점입니다. 휴대폰에서 시간측정을 시작하고 나서 노트북으로도 측정을 종료할 수 있습니다. 그리고 어느 기기에서도 측정 결과를 즉시 볼 수 있습니다.

스마트한 디지털노마드 사업가는 집에서 노트북으로 일하다가도 싫증나면 집 근처 카페로 자리를 옮겨서 태블릿으로 일하곤 합니다. 이렇게 여러 스마트기기를 번갈아가며 활용하는 스마트워커에게 토글트랙은 최고의 툴입니다.

그리고 시간활용 현황을 모니터하기도 최적입니다. 측정한 시간을 한눈에 보기 쉽게 자동으로 시각화해 주는 기능이 있기 때문입니다.

토글트랙 활용 예시

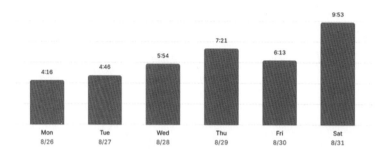

이미지는 실제 제가 토글트랙을 활용한 예시입니다. 2024년 8월 마지막 주 시간활용 기록이네요. 저는 하루에 순수 활용한 시간이 7시간이 넘으면 바람직하다는 나름의 기준이 있습니다.(7시간 이상 → 잘 산 하루/ 7시간 미만 → 망한 하루) 이 기준에 따른다면 월, 화, 수, 금요일은 실패입니다. 그래도 목요일, 토요일은 성공입니다. 8월 마지막 주 성적은 그다지 바람직하지 않네요.(ㅠㅠ)

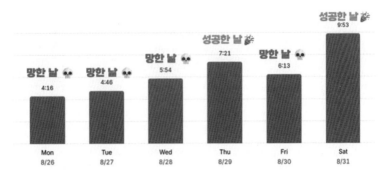

토글트랙 시각화 기능 효과

이렇게 1주일 단위로 내가 잘 살아가고 있는지 쉽게 모니터할 수 있습니다. 기준치에 못 미치는 날이 많다면 뭔가 잘못되고 있다는 신호입니다. 이 사실을 포착하면 그때부터는 원인을 파악해서 해결할 수 있습니다.

토글트랙에 주목할 만한 기능이 하나 더 있습니다. 측정하는 시간 동안 무슨 일을 했는지 기록하는 기능입니다. 시간을 측정하기 시작할 때 이미지처럼 무슨 일을 하기 시작하는지 직접 입력할 수 있습니다.

토글트랙 활용 예시

누르면 시간 측정 시작

이 기능을 잘 활용하면 하루 중 내가 무슨 일을 하면서 시간을 보냈
는지도 쉽게 알 수 있습니다. 예를 들어 총 10시간을 활용했다면 그 중
책 읽는 데 몇 시간을 썼는지, 일하는 데 몇 시간을 썼는지 알기 쉽게
기록할 수도 있습니다.

하루 활용시간 내역 예시

순수 활용시간 늘리기 팁

이렇게 시간활용 현황을 모니터하는 습관을 들이면 시간이 넉넉하다는 망상에서 즉시 벗어날 수 있습니다. 망상을 떨쳐버릴 수만 있어도 순수 활용시간이 절로 늘어나는 마법을 경험하게 됩니다. 시간이 전혀 넉넉하지 않고 금쪽같이 귀하다는 진리가 이제는 머릿속에 각인되기 때문입니다.

순수 활용시간을 늘리기 위해 추가로 활용하기 좋은 유용한 2가지 팁을 드리겠습니다. 활용시간을 늘리기 위해서는 쓸데없이 허비하는 시간 줄이기가 중요합니다. 허비하는 시간을 줄이면 활용시간은 저절로 늘어나기 때문입니다. 쓸데없는 물건을 치우면 방이 저절로 깨끗해지는 원리와 비슷합니다.

1. 휴식은 규칙에 따라

잘 관리되는 휴식은 기력을 충전해 주기 때문에 업무 효율을 높여줍니다. 그러나 아무 규칙 없이 쉬고 싶을 때마다 아무렇게나 쉬는 무분별한 휴식은 우리 시간을 갉아먹는 주범입니다. 휴식은 시스템에 따라 취해야 합니다. '40분 업무-20분 휴식' 또는 '50분 업무-10분 휴식'과 같이 나름 규칙을 정해야 합니다.

퇴사 후 정글에서는 누구도 나를 감시해 주지 않기 때문입니다. 직장에서는 동료들이 다들 일하는데 혼자 30분이고 1시간이고 쉬고 앉아 있으면 바로 티가 납니다. 그러나 퇴사 후 정글에서는 그런 외부 압력이 없습니다. 그래서 알아서 규칙을 정해 그에 따르지 않으면 처음 10분 쉬려던 것이 순식간에 30분, 1시간으로 불어납니다. 이렇게 날아가는 시간이 바로 시간을 갉아먹는 주범입니다.

2. 디테일을 잡아라

허비하는 시간은 디테일에서 나옵니다. 예를 들면 이렇습니다. 양치, 세수, 샤워, 집 청소, 분리수거, 설거지 등. 이런 디테일한 시간을 놓치면 절대 순수 활용시간을 늘릴 수 없습니다. 목돈을 모으기 위해서는 쿠팡 멤버십 구독부터 끊어야 하는 진리와 비슷합니다.

저는 디테일을 잡아야 순수 활용시간을 극대화할 수 있다는 사실을 깨닫고 다음과 같이 나름 기준을 정해서 따르고 있습니다.

양치 3분
세수 3분
샤워 5분
바닥 청소기 3분

분리수거 10분

설거지 3분

물론 이렇게 정하기만 해서는 아무 의미가 없습니다. 시계를 배치해야 합니다. 화장실에, 싱크대에 스톱워치를 배치하세요. 양치를 시작하면서, 세수를 시작하면서, 샤워를 시작하면서 스톱워치를 시작하세요. 이렇게 디테일을 잡을 줄 알아야 퇴사 후 정글에서 살아남을 수 있습니다.

퇴사 후 기댈 회사 시스템이 없는 세상은 **'날 것 그대로 정글'**이라고 했습니다. 이렇게 시간활용을 눈에 보이게 시각화하고 모니터하며 자기관리에 성공할 수 있다면 날 것 그대로 정글에서도 너끈히 살아남을 수 있습니다.

4) 퍼스널브랜딩, 완벽한 퇴사 필수조건

SNS 퍼스널브랜딩으로 직장에서 독립하기

유튜브에 영상 한 편을 올리는 데 돈이 얼마 드는지 아시나요? 0원입니다. 그러나 30년 전 유튜브가 없던 시절에는 영상을 인터넷에 올리려면 전문 서버업체에 매월 비용을 내야 했다고 합니다. 그 금액은 동영상 수준에 따라 수천만 원에 이르기도 했다고 합니다. 그래서 인터넷에 영상 올리기는 돈이 많은 부자라든가 막대한 자본으로 무장한 거대 기업이나 할 수 있는 일이었습니다. 그러나 이제는 유튜브 덕분에 동영상 하나 올리는 데 돈이 0원 듭니다. 심지어 초등학생도 쉽게 유튜브 영상을 올릴 수 있습니다. 유튜브뿐만 아니라 모든 SNS가 그렇습니다. 블로그에 글 올리는 데, 인스타그램에 사진 찍어 올리는 데 땡전 한 푼 들지 않습니다.

이 현상이 우리에게 어떤 의미가 있을까요? 대규모 자본으로 무장한 기업이 아니라도, 금수저가 아니라도, 심지어 땡전 한 푼 없는 개인이라도! 돈 0원을 들여서 고유한 브랜드를 만들어 독립할 수 있다는 뜻입니다. 더 이상 직장에 얽매이지 않아도 됩니다. 남이 시키는 일만 기계적으로 하지 않아도 됩니다. 유튜브 영상 올리는 데, 블로그에 글 쓰는 데 0원이 필요하기 때문입니다. 퍼스널브랜드가 생기는 순간 돈도 얼마든지 벌 수 있습니다. 퇴사를 준비하는 우리 입장에서는 손뼉을 치며 환호성을 지를 일입니다.

저도 퇴사 직전, 블로그를 활용해서 퍼스널브랜드를 만들기 시작했습니다. 중요하게 생각하는 삶의 태도를 담아서 비티오(BTO, Break The Ordinary, 뜻: 평범함을 벗어나자.)라는 이름으로 브랜딩을 구축했습니다. 퇴사 후 1년이 지난 지금, 이 비티오라는 브랜드는 자유를 안겨줬습니다. 브랜드를 바탕으로 나만의 사업을 운영하면서 돈을 벌 수 있기 때문입니다. 예를 들어 독서모임이라든가 책 쓰기 모임을 운영하며 참가비를 받아 수익화할 수 있었습니다. 커뮤니티 사업 내지 지식사업이라고 합니다. 이런 사업은 1:1 코칭 사업으로 발전시켜서 고수익 프로그램으로 만들 수 있습니다. 이 모든 사업의 뿌리에는 퍼스널브랜드가 있습니다.

퍼스널브랜드가 단단해지면 돈을 벌 수 있을 뿐만 아니라 공무원으로 일할 때는 상상조차 못했던 기회가 생기기도 합니다. 대표적인 기회는 강연 기회입니다. 브랜드 정체성이 분명해지면서 학교와 같은 외부 단체에서 강연을 요청해옵니다. 물론 SNS 팔로워 대상으로 직접 강의를 기획할 수도 있습니다. 강의를 하면 강사료를 받기 때문에 즉시 수익화와 연결됩니다. 뿐만 아니라 강의를 한다는 사실 자체가 한 분야 전문가임을 드러냅니다. 따라서 전문가라는 타이틀을 달고 사회 곳곳에서 활동하게 되는 좋은 계기가 되기도 합니다.

퇴사해서 개인으로 독립하기! 퍼스널브랜딩만큼 가성비 좋은 일도 없습니다. 여러분들도 할 수 있습니다. 옛날처럼 유튜브 채널 운영하는 데 매월 1,000만 원씩 내지 않아도 되기 때문입니다. 실로 경이로운 시대입니다! 말그대로 '의지만 있으면' 초등학생도 퍼스널브랜드를 확립할 수 있습니다. 지금 당장 여러분만의 고유한 퍼스널브랜드를 구축하시기 바랍니다.

퍼스널브랜드, 5대 핵심요소

퍼스널브랜딩이 필요하다는 사실은 대부분 공감하십니다. 그러나 그 방법이 막막하실 겁니다. 성공하는 퍼스널브랜드 구축에 필수적인 5대 핵심요소를 소개드리겠습니다. 무작정 퇴사하지 마세요. 이 5대 핵심요소를 갖춰서 탄탄한 브랜드를 먼저 만드시기 바랍니다. 그러면 자연스럽게 직장에서 독립할 능력이 생길 수밖에 없습니다. 그때가 되면 굳이 직장을 벗어나려 아등바등 애쓰지 않아도 됩니다. 물 흐르듯 나도 모르는 사이 퇴사에 이르게 될 겁니다.

[제 1요소: WHY] 왜 탄생했나?
[제 2요소: WHAT] 무슨 도움을 주는가?
[제 3요소: WHO] 누구에게 도움을 주는가?
[제 4요소: HOW] 어떻게 도움을 줄 것인가?
[제 5요소: WHERE] 어디서 도움을 줄 것인가?

[제 1요소: WHY] 왜 탄생했나?

퍼스널브랜드를 왜 만들려고 하시나요? 나만의 WHY가 있어야 합니다. 사람들은 WHY에 담긴 브랜드 가치에 열광하기 때문입니다. 『나는 왜 이 일을 하는가』의 저자 사이먼 사이넥은 스티브 잡스의 애플이 성공한 이유를 'WHY'에서 찾습니다. 다른 기업과 다르게 애플은 '왜 그 일을 하는지'가 분명했다는 겁니다. 사람들이 아이폰을 사는 이유는 휴대폰 성능이 좋기 때문이 아닙니다. 'Think Different(다르게 생각하라.)' 메시지에 담긴 '창의'라는 가치, 즉 애플이 아이폰을 만들어 낸 이유에 열광하기 때문입니다.

WHY의 중요성을 강조하는 사이먼 사이넥의 테드 강연은 유튜브에서 5,000만 뷰 이상을 기록했을 정도로 대히트를 쳤습니다. 이 강연에서 그는 다음 문장을 7번 반복해서 말합니다.

사람들은 당신이 만든 무엇(WHAT)을 사지 않는다,
당신이 그 일을 하는 이유(WHY)를 산다.
People don't buy what you do, they buy why you do it.

  사람들은 브랜드 상품을 살 때 그 물건 자체(WHAT)를 사는 게 아
니라 그 브랜드가 상품을 만든 이유가 정당한지(WHY)를 보고 산다는
뜻입니다.

유튜브 테드톡 강연 보기(참고)

제목: 위대한 지도자들은 어떻게 행동을 이끌어내는 영감을 줄까
- 사이몬 시넥(Simon Sinek), TEDxPugetSound(채널명 : Tedx Talks)

  여러분의 퍼스널브랜드는 왜 탄생했나요? 다시 말하면 여러분의 퍼
스널브랜드는 사람들에게 어떤 가치를 전하기 위해 세상에 탄생했나
요? 어떻게 고객의 공감을 얻을 수 있나요?

단지 돈 많이 벌어서 나 혼자 잘 먹고 잘 살겠다는 WHY를 제시하는 브랜드는 살아남지 못합니다. 그런 가치에는 사람들이 공감하지 않기 때문입니다. '돈을 많이 벌어서 남들에게 뭔가의 가치를 주겠다!'라는 수준까지 나아가야 합니다. 거창할 필요도 없습니다. '돈을 많이 벌어서 소중한 가족을 먹여 살리겠다!'라는 가치만 해도 충분합니다. 가족의 가치에는 모든 사람이 공감하기 때문입니다. 또는 '돈을 많이 벌어서 우리 고향에 도서관을 짓겠다!'라는 WHY도 좋습니다. 물론 여기에 고유한 스토리가 첨가되면 금상첨화입니다. 이렇게 사람들의 공감을 불러일으키는 나만의 고유한 WHY 창조하기! 브랜드 구축의 첫걸음입니다.

퍼스널브랜딩의 WHY는 브랜드 주인의 삶의 목적과 직접 연결됩니다. 즉 개인이 인생을 사는 목적, 그 사람의 삶의 목적이 그대로 퍼스널브랜드의 WHY가 됩니다. 예를 들어 제 삶의 목적은 배움과 도움입니다. 이 삶의 목적은 그대로 비티오라는 브랜드의 WHY가 됩니다. 브랜드 비티오는 배움과 도움의 가치를 실현하기 위해 세상에 탄생했습니다. 비티오는 평생 배운 지혜를 고객과 나누며 세상을 돕기 위해 존재합니다. 여러분들도 탄탄한 브랜드를 확립하기 위해서는 내가 사는 이유(WHY), 즉 삶의 목적을 가장 먼저 선명하게 정하셔야 합니다.

[제 2요소: WHAT] 무슨 도움을 줄 것인가?

퍼스널브랜드의 핵심은 '도움주기'입니다. 왜냐하면 퍼스널브랜드란 도움을 주는 통로이기 때문입니다. 내 능력으로 세상 사람들에게 도움을 주는 통로가 바로 퍼스널브랜드입니다. 따라서 브랜드로서 사람들에게 어떤 도움을 주고 싶은지 결정하기도 중요합니다.

예를 들면 저는 1년 동안 100권 이상 책을 읽을 정도로 독서를 즐깁니다. 또 1년 동안 전자책 7권과 종이책 1권을 써냈을 정도로 책 쓰기를 즐깁니다. 그래서 이런 강점을 바탕으로 책 읽는 커뮤니티와 책 쓰는 커뮤니티를 만들었습니다. 이 커뮤니티에서는 책을 꾸준히 읽고 싶고, 책을 쓰고 싶지만 혼자서는 어려운 분들에게 도움을 드립니다. 비티오 독서모임에 들어오는 브랜드 고객은 비티오가 공무원 퇴사 후 사업가로서 제2의 인생을 살게 되었듯, 제 도움을 받아서 책을 꾸준히 읽고 인생 역전을 맞이하십니다. 비티오 책 쓰기 모임에 들어오시는 분들은 비티오의 도움을 받아서 작가로 데뷔하시게 됩니다. 내 이름이 걸린 책을 쓴 작가로서 제2의 인생을 맞이하실 수 있도록 비티오가 돕습니다. 이렇게 브랜드는 강점을 바탕으로 다른 사람들에게 무슨 도움(WHAT)을 줄지 분명히 정해야 합니다.

'나는 강점이 없는데?'라고 생각하시는 분이 많습니다. 그러나 강점이 없는 사람은 없습니다. 브렌든 버처드의 『백만장자 메신저』라는 책에는 정리정돈 실력을 사업화한 사람, 행복을 사업화한 사람의 케이스를 소개합니다. 세상에는 '이런 게 사업이 되나?' 싶은 사업 아이템이 무궁무진합니다. 여러분도 할 수 있습니다.

이때 중요한 원칙이 있습니다. '내 브랜드에서 사람들이 얻을 혜택이 뭔가?' 아주 구체적으로 정해야 한다는 점입니다. 왜냐하면 사람들은 내가 무슨 혜택을 얻을지 구체적으로 와닿지 않으면 결코 돈을 내지 않기 때문입니다. 중국집에서 짬뽕을 시켜 먹으면서 기꺼이 돈을 내는 이유는 내가 뭘 먹게 될지, 어떤 맛을 볼지 분명하게 알기 때문입니다. 반면 해외여행 중에 생전 처음보는 식당에 갔더니 메뉴판에 전혀 알 수 없는 음식들이 쓰여 있다면 그 식당을 뛰쳐나오고 싶을 겁니다. 브랜드라면 사람들이 짬뽕 맛을 예상할 수 있듯이 고객들이 내 브랜드를 선택했을 때 어떤 혜택을 받게 되는지 분명하게 제시할 수 있어야 합니다.

[제 3요소: WHO] 누구에게 도움을 줄 것인가?

누가 내 도움이 필요할지 파악하기도 중요합니다. 세상 모든 사람들에게 도움을 주는 건 불가능할뿐더러 그럴 필요도 없기 때문입니다. 세상에는 나를 좋아하는 사람이 있는가 하면 싫어하는 사람도 있을 수밖에 없습니다. 내 도움이 필요한 타깃을 뾰족하게 정해서 그들에게 도움을 주면 충분합니다. 예를 들어 내가 세상에서 가장 맛있는 짜장면을 만들 수 있다고 생각해 봅시다. 그러면 짜장면을 좋아하는 사람에게 찾아가서 내 짜장면을 먹어보라고 하면 충분합니다. 굳이 짜장면을 싫어하고 냉면을 좋아하는 사람에게까지 가서 내 짜장면을 먹어보라고 강요할 이유가 없습니다. '선택과 집중!' 마케팅 분야에서 매우 중요한 원칙입니다.

[제 4요소: HOW] 어떻게 도움을 줄 것인가?

무슨 도움을 누구에게, 왜 줄 건지 정했다면 어떻게 줄지도 잘 생각해야 합니다. 절대불변의 대원칙은 '기브 앤 테이크'입니다. '먼저 주기' 원칙입니다. 내가 고객에게 줄 수 있는 도움이 뭔지 먼저 보여줘야 합니다. 돈을 받기 전에 일단 무료로 가치를 내어주면 그 이상으로 돌려받습니다. 마트에서 무료 시식코너를 운영하는 이유입니다. 내 도움이 필요한 사람에게 다가가서 먼저 도와주기! 브랜드 성공 기본원칙입니다.

상대방의 문제를 해결해서 분명한 도움을 줬다면 상대방은 나에게 뭘 줄까요? 신뢰입니다. 돈을 받기 전에 신뢰를 받아야 합니다. 의심스러운 상품에 돈을 내는 사람은 세상에 없기 때문입니다. 식당 손님은 음식이 배고픔을 해결해 줄 거라고 믿기 때문에, 혹은 맛있을 거라고 믿기 때문에 돈을 냅니다. '이 메뉴는 먹어봤자 구토나 할 것 같은 데….'라고 의심하면서 식당에 돈을 내는 손님은 없습니다. 일단 신뢰를 받는 데 성공한 브랜드는 돈을 벌기 싫어도 통장 잔고가 불어나는 마법을 경험하게 됩니다. 그러기 위해서는 내가 믿을 만한 사람이라는 사실을 먼저 무료로 보여줘야 합니다.

뾰족한 목소리 내기

브랜드가 고객에게 아무리 높은 가치를 줄 수 있다고 한들, 알리지 못하면 아무 소용이 없습니다. '내 브랜드가 여러분께 도움이 됩니다!' 목소리를 지속적으로 내야 합니다. 블로그 포스팅이라든가 유튜브 영상 등, SNS 콘텐츠를 지속적으로 발행하는 행위가 여기에 해당합니다.

목소리를 낼 때 중요한 원칙은 전하는 메시지가 뾰족해야 한다는 점입니다. 즉 메시지가 일관돼야 합니다. 짜장면을 잘하는 브랜드라면 '우리는 짜장면을 잘 하는 집입니다!'라는 메시지를 일관되게 내야 합니다. 1주일은 짜장면을 잘한다고 하다가, 또 1주일은 치킨을 잘 한다고 하다가, 그다음은 피자를 잘한다고 떠들면 고객들은 혼란스럽습니다. 이렇게 메시지가 흔들리는 브랜드를 고객은 결코 신뢰하지 않습니다. 생각해 봅시다. 브랜드가 짜장면을 잘 한다고 해서 짜장면을 먹으러 갔더만, 찾던 짜장면은 없고 난데없이 피자를 먹으라고 들이밀면 고객은 황당할 수밖에 없습니다. 이런 브랜드는 결코 신뢰받을 수 없습니다.

[제 5요소: WHERE] 어디서 도움을 줄까?

퍼스널브랜드 근거지, 즉 목소리를 내는 플랫폼도 있어야 합니다. 블로그, 유튜브, 인스타그램 등 플랫폼은 다양합니다. 어느 플랫폼이든 상관없습니다. 모두 장단점이 있습니다. 뭐가 더 우월하다고는 할 수 없습니다. 그러므로 나에게 가장 잘 맞는 플랫폼을 골라서 근거지로 삼아도 충분합니다.

첫 시작은 블로그를 권합니다. 글이 모든 콘텐츠의 근본이기 때문입니다. 유튜브 영상도 글(대본)을 써서 기획합니다. 인스타그램 피드, 릴스 콘텐츠도 글로 기획해야만 탄탄합니다. 그래서 블로그 글쓰기를 통해 글 실력을 갈고닦으며 퍼스널브랜딩을 시작하면 장기적 관점에서 가장 탄탄한 브랜드 기반을 구축할 수 있습니다. 글쓰기 실력이 바탕에 깔린다면 유튜브로도, 인스타그램으로도, 틱톡으로도 얼마든지 확장할 수 있기 때문입니다.

글은 만 가지 콘텐츠가 자라나는 근원이다. 글이 영화가 되고 드라마가 되고 시가 되고 사진이 된다.

『기자의 글쓰기』, 박종인, 와이즈맵

그밖에 얼굴과 신상을 공개하지 않아도 된다는 점도 장점입니다. 처음 SNS를 시작하려다 보면 인터넷상에 신상을 공개하기가 꺼려집니다. 특히 공무원은 더욱 그렇습니다. 블로그는 그런 부담에서 상대적으로 자유롭습니다. 글이라는 콘텐츠 특성 때문입니다. 글을 통하면 얼굴과 신상을 공개하지 않아도 얼마든지 내 생각을 사람들에게 잘 전파할 수 있습니다.

물론 블로그는 이용자 수가 상대적으로 적다는 단점도 있습니다. 유튜브 이용자 수는 4,500만 명이지만 블로그 이용자 수는 300만 명 수준이라고 합니다. 주변에 물어보면 유튜브 안 한다는 사람은 찾아보기가 힘듭니다만 블로그는 반대로 한다는 사람을 찾아보기가 힘듭니다. 그렇다 보니 내 콘텐츠를 소비할 고객 숫자도 비교적 적을 수밖에 없습니다. 그러나 이 단점은 쉽게 극복할 수 있습니다. 글쓰기 실력으로 다져진 탄탄한 콘텐츠 기획력이 있으면 얼마든지 다른 플랫폼으로 활동영역을 확장해서 성공할 수 있기 때문입니다. 블로그에서 1년 이상 활동하다 보면 내 콘텐츠를 더 많은 사람들에게 노출해야 할 필요를 느끼는 시점이 옵니다. 그때 유튜브나 인스타그램과 같이 많은 사람들이 이용하는 플랫폼으로 활동영역을 확장해도 늦지 않습니다.

SNS 플랫폼은 다양하고 각각마다 형식 차이가 있기는 합니다. 그러나 본질은 똑같습니다. 블로그에서 기초를 잘 닦아놓고 필요시 다른 플랫폼까지 확장하는 전략을 추천합니다.

퍼스널브랜드, 5대 핵심요소 정리하기
[제 1요소: WHY] 왜 탄생했나?
[제 2요소: WHAT] 무슨 도움을 주는가?
[제 3요소: WHO] 누구에게 도움을 주는가?
[제 4요소: HOW] 어떻게 도움을 줄 것인가?
[제 5요소: WHERE] 어디서 도움을 줄 것인가?

퍼스널브랜드 100% 성공비결

나만의 고유한 가치를 세상에 드러내는 성공한 퍼스널브랜드! 확고하게 다지기 위해서는 어떻게 해야 할까요? 딱 2가지만 가슴에 새기면 100% 성공합니다.

1. 꾸준하게   2. 도움주기

1. 꾸준하게

SNS에 퍼스널브랜드 만들기란 인터넷 세상에 내 분신을 만드는 작업입니다. 분신을 만들어 생명을 부여하는 일이나 다름없습니다. 한 생명체로서 생명력을 유지하려면 뭐가 필요할까요? 사람은 태어나면 활동을 해야 합니다. 아기가 태어나도 신생아실에서 나와서 활동하지 않으면 결코 한 생명으로서 제 몫을 한다고 할 수 없습니다. 걸음마를 시작해서 가족의 기쁨이 되어야 합니다. 이렇게 활동을 꾸준히 계속해야만 생명체로서 존재 의미가 있습니다.

퍼스널브랜드도 마찬가지입니다. 세상에 탄생했다면 꾸준히! 활동을 계속해야 생명이 있습니다. 꾸준하게 주기적으로 콘텐츠를 만들어 올리기! 퍼스널브랜드로서 생명을 유지하는 가장 기본입니다. 블로거로서 1일 1포스팅 쓰기, 유튜버로서 주 1회 영상 올리기, 인스트그래머로서 1일 1피드 올리기, 이 작업이 멈추는 순간 생명이 끊어집니다. 죽은 브랜드가 될 뿐입니다.

여기서 핵심은 콘텐츠 양이 아닙니다. 끈기입니다. 매일매일 1일 1콘텐츠까지는 아니라도 괜찮습니다. 꾸준히 주기적으로 콘텐츠 발행하기가 가장 중요합니다. 1주일에 하나라도 좋습니다. 1년 이상 끈기를 유지할 수 있다면 여러분의 고유한 브랜드가 세상에 단단하게 뿌리내릴 겁니다.

『사장학개론』의 저자 김승호께서는 꾸준하기만 해도 상위 10%에 든다고 말씀하십니다. 정말 그렇습니다. 1년 이상 블로그를 꾸준히 운영하다 보면 뼈저리게 느낍니다. 처음 시작하던 때를 돌아보면 '우리 함께 인플루언서가 되어보자!' 열정을 불살랐던 동료 블로거들이 수십 명입니다. 그러나 1년이 지나니 90%는 소리 소문 없이 사라졌습니다. 아직까지 함께하고 있는 블로거들은 뭐라도 하나씩 이뤘습니다. 전자책을 출간한 블로거, 독서모임으로 돈 버는 블로거, 강의를 시작한 블로거가 많습니다. 그들은 100% 포기하지 않은 사람들입니다. **시작만 해도 상위 20%, 꾸준하기만 해도 상위 10%**라는 사실을 잊지 않으시기 바랍니다.

2. 도움주기

그러나 꾸준하기만으로는 부족합니다. 또 하나 브랜드 성공 필수요건은 도움주기입니다. 브랜드는 다른 사람을 도와야 합니다. 다른 사람에게 아무런 도움도 안 되는 일기를 꾸준히 쓴다고 해서 탄탄한 브랜드가 될 수 없습니다.

나 하나 먹고 살기도 버거운데 왜 다른 사람을 도와야 하냐고요? 다른 사람을 돕는 일이 곧 나를 돕는 최고의 방법이기 때문입니다.

나를 구하는 유일한 길은 남을 구하려 애쓰는 것이다.

『그리스인 조르바』, 키노스 카잔자키스, 열린책들

거꾸로 생각해야 성공합니다. 평범하게 생각하지 말고 비범하게 생각해야 합니다. 비범한 자들은 남을 도우면 오히려 자기가 성공한다는 사실을 잘 압니다. 이타주의란 극단적 이기주의입니다. 이타적으로 굴수록 나에게 유리합니다. 반대로 이기적으로 굴수록 나에게 불리합니다.

퇴사 후 창업하고 1년이라는 단기간에 성과를 냈습니다. 명백한 비결은 함께 하는 사람들을 돕는 자세로 사업에 임했기 때문입니다. 유료 독서모임을 운영하면서 지금은 수익을 내고 있습니다. 그러나 처음에는 돈을 벌기는커녕 오히려 내 돈을 썼습니다. 1인당 15,000원 참가비를 받고 30,000원어치 선물을 줬습니다. 1년 간 어떤 사업을 하든 이런 태도로 임했습니다. 그렇게 1년이 지나니까 돈을 벌려고 하지도 않았는데 저절로 수익 구조가 생겼습니다.

블로거로서 글을 하나 쓰더라도 나만 읽을 수 있는 글을 쓰는 게 아닙니다. 독자들에게 도움이 되는 글을 써야 합니다. 블로그를 나한테만 의미가 있는 일기장으로 만들면 안 됩니다. 독자가 재밌게 읽을 수 있는 글, 독자에게 의미가 있는 글, 독자에게 가치를 주는 글을 써야 합니다. 블로그를 1년 동안 열심히 운영하면서 돈 버는 노하우를 발견하셨나요? 그러면 그 노하우를 꽁꽁 감추고 나만 돈 버는 식으로는 안 됩니다. 만 천하에 노하우를 공개해야 합니다. 블로그 포스팅을 써서 남들도 똑같이 돈을 벌 수 있도록 노하우를 전해줘야 합니다. 필요하면 1:1로 상담도 해주고 컨설팅도 해주고 강의도 열어야 합니다. 유튜브도, 인스타그램도, 틱톡도 마찬가지입니다. 어떤 플랫폼에 어떤 콘텐츠를 올리더라도 보는 사람에게 도움이 되는 콘텐츠를 올리기! 가장 기본입니다. 이런 태도로 SNS를 운영하고 계신가요? 축하드립니다. 돈을 벌기 싫어도 통장잔고가 늘어나는 광경을 목격하고 놀라게 되는 때가 머지않았습니다.

브랜딩 성공 비결을 딱 두 단어로 표현하면, **'꾸준하게 도움주기'**입니다. 꾸준하게 콘텐츠를 만들어서 다른 사람들에게 도움을 주면 반드시 사람들이 모입니다. 팬이 생깁니다. 팬이 생긴 브랜드는 결국 세상에 알려집니다. 성공한 브랜드가 됩니다.

퍼스널브랜딩으로 돈 버는 시크릿

퇴사 후 유튜브로 돈 벌기! 모든 직장인에게 초미의 관심사일 겁니다. '블로그로 2달만에 월 1,000만 원 벌기!'와 같이 후킹하는 강의 제목을 떠올리실지 모르겠습니다. 그러나 치트키가 아닌 정공법을 말하고 싶습니다.

SNS로 돈 벌기 위해서 가장 중요한 핵심은 무엇일까요? 많은 사람들은 블로그, 유튜브, 인스타그램, 틱톡 등 SNS가 돈을 벌어다 준다고 생각합니다. 착각입니다. **퍼스널브랜딩으로 돈 버는 정공법, 그 핵심은 사람**입니다. 여러분에게 돈을 건네는 주체는 사람입니다. 블로그, 유튜브, 인스타그램, 틱톡이 결코 아닙니다. 여러분과 인간적 교류를 한 사람이 여러분에게 돈을 건넵니다. 인간적 교류를 거쳐 여러분에 대한 신뢰가 쌓인 사람만이 돈을 기꺼이 건넵니다. SNS는 수단에 불과합니다. 사람과 사람 사이, 인간관계를 형성하는 계기를 마련할 뿐입니다. 사회관계망서비스(SNS, Social Network Service)라는 단어, 그 본래 뜻에 집중할 필요가 있습니다.

그러나 안타깝게도 엉뚱한 생각을 하는 경우가 많습니다. 사람이 아니라 SNS에 집착합니다. 대표적인 사례는 숫자에 집착하는 태도입니다. 팔로워가 몇 명인지, 구독자가 몇 명인지, 조회수가 몇 회인지, 댓글은 몇 개 달렸는지, 좋아요는 몇 개인지, 숫자에 집착하곤 합니다. 그 숫자를 늘린답시고 프로그램을 돌리기도 합니다. 우연히 알고리즘을 타고 조회수가 폭발하면 기뻐합니다. 어느 날 조회수가 별로 안 나오면 좌절합니다. 안타깝지만 본질을 벗어났습니다. 제아무리 100만 유튜버라도 구독자들과 사람 대 사람 신뢰관계를 형성하지 못하면 돈을 벌지 못합니다. 벌더라도 잠깐, 물거품처럼 사라질 뿐입니다.

SNS로 돈 벌기, 핵심은 사람에 있습니다. 조회수, 구독자 수, 댓글 수, 좋아요 숫자가 아닙니다. 따라서 해야 할 일은 분명합니다. 그것은 바로 '진짜 사람 냄새나는 인간관계를 형성하는 데 집중하기.'입니다. SNS에 올리는 콘텐츠에 진심을 담아서 다른 사람들에게 신뢰를 받아야 합니다. 신뢰를 바탕으로 진짜 인간관계를 형성해야 합니다.

신뢰받기 위해서는 어떻게 해야 할까요? 남들에게 어떤 도움을 줄지에 주목해야 합니다. 그 도움을 받을 사람이 누구인지에 집중해야 합니다. 사람 마음을 얻는 순간 돈은 벌기 싫어도 저절로 벌게 됩니다. SNS는 '사람 마음을 얻기 위한 수단'에 불과합니다. 블로그 글에도, 유튜브 영상에도, 인스타그램 릴스에도, 어떤 마음을 어떻게 담아서 전달할지에 집중하면 충분합니다. 블로그 이웃이 몇 명인지, 유튜브 구독자가 몇 명인지, 조회수가 몇 회인지, 댓글이 몇 개인지는 중요하지 않습니다. 본질을 꿰뚫어 볼 수 있어야 합니다. 본질은 사람 마음 속 신뢰입니다.

5) 퇴사 공포 이겨내기

안정적 월급이 나오는 직장을 박차고 나오기, 결코 쉽지 않습니다. 저도 퇴사하겠다는 결단을 내리고 나서도 실제 행동으로 옮기는 데 계속 실패했습니다. 사직서 제출에 성공하기까지 반년 가까이 깊은 고뇌의 늪에 빠져 허우적댔던 기억이 아직도 생생합니다.

굶어 죽는 거 아닌가?

진짜 내가 사직서를 던질 수 있을까?

주변 사람들이 뭐라고 할지….

마음은 이미 애저녁에 굳혔기 때문에 사직서를 미리 다 써놓고서 제출할 때만을 기다리고 있었습니다. 그럼에도 불구하고 막상 때가 되니 제출하러 가는 발걸음이 선뜻 떨어지지가 않았습니다. 당시 사직서를 제출하기 위해서는 계단을 밟고 올라가야 했습니다. 한 층 위 과장님 자리로 가서 결심을 굳혔다는 의사를 분명하게 표명해야만 완전히 퇴사가 확정되는 상황이었습니다. 그런데 그 계단에 도저히 발걸음을 올릴 수가 없었습니다! 정말이지 발목에 100kg 무게추가 족쇄로 매달린 듯했습니다. 계단을 오르려 할 때마다 목덜미를 잡아채는 알 수 없는 힘을 느꼈습니다.

그럼에도 불구하고 결국에는 성공했습니다. 그래서 이 책도 세상에 나올 수 있었겠죠. 두려움을 이겨내는 필수 마음가짐이 있습니다. 결단을 행동으로 옮기는 데 가장 큰 역할을 했던 건 **첫 번째로, 두려움의 실체를 정확하게 파악하기**였습니다. 목덜미를 잡아채는 두려움, 그 실체는 도대체 무엇인가! 심각하게 생각해 봐야 합니다.

그 두려움의 실체는 '사랑받지 못할 것 같다.'라는 두려움이었습니다. 평생직장 공무원 일을 자발적으로 때려 치우는 경우는 흔한 일이 아닙니다. 즉, 남들과는 너무나 다른 길을 가려는 것이기 때문에 외톨이가 될 것 같다는 두려움이었습니다. 남들로부터 소외될 것 같다는 두려움이었습니다. 다시 말하면 남들에게서 사랑받지 못할지 모른다는 두려움이었습니다. 그리고 이렇게 실체가 드러난 두려움을 이겨내는 데는, 저의 **'어떤 마음가짐'이 두 번째로 큰 역할을 했습니다.**

그 마음가짐은 바로 스스로를 사랑하는 마음이었습니다. 저는 스스로를 사랑할 줄 압니다. 그래서 사랑받지 못할 것 같다는 두려움을 쉽게 이겨낼 수 있었습니다. 스스로를 사랑할 줄 아는 나라면 반드시 다른 사람들도 나를 사랑해 줄 거라는 확신이 있었기 때문입니다. 또 나는 사랑받을 자격이 있다는 사실 또한 확신했습니다. 남들이 말하는 '멀쩡한 직업'이 있든 없든, 돈을 많이 벌든 적게 벌든, 굶어 죽든 살든 간에 상관없습니다. 스스로를 사랑할 줄 아는 나라면 반드시 다른 사람들도 나를 사랑합니다.

결국 스스로를 사랑하는 마음가짐이 지독한 두려움을 이겨내는 원천이었습니다. 남들이 하지 않는 특별한 선택을 할 때마다 '손가락질 받지 않을까.', '외톨이가 되지 않을까.', '사랑 못 받지 않을까.' 온갖 두려움이 들이닥칩니다. 그럴 때, 내가 사랑받을 수 있는지 없는지 결정하는 건 오로지 스스로의 마음뿐이라는 사실을 기억하셨으면 합니다.

수영 못하는 맥주병이 물에 빠지는 이유: 자기충족적 예언

물에 들어가면 빠져요! 계속 가라앉아서 죽겠어요!

맥주병 E 씨

꾸준히 수영한 지 9년이 됐습니다. 취미 삼아 수상인명구조요원 자격을 땄을 정도로 아마추어 수준에서는 나름 끝까지 가봤다고 할 수 있습니다. 그래서 수영을 처음 배우는 소위 '맥주병'인 분들께서 저한 테 질문하실 때가 있습니다. 그런데 그 질문이 흥미롭습니다. 물에 들 어가면 자기는 가라앉기 때문에 수영을 못한다는 겁니다. 그래서 어 떻게 해야 안 가라앉는지 질문하곤 합니다.

그런데 수영을 오래 한 사람이 듣기에 수영 초보자가 물에 가라앉 는다는 건 약간 이상하게 들립니다. 왜냐하면 물속으로 가라앉기는 상 급자 수준이 됐을 때 따로 연습해야만 해낼 수 있는 꽤 어려운 스킬이 기 때문입니다. 결코 초보자가 할 수 없습니다. 이제 막 자유형 정도 배운 초급자에게 3m 깊은 풀장 밑바닥으로 내려가 보라고 하면 할 수 있을까요? 절대 불가능합니다. 보통 상급 이상 수준이 되어야 이 기술 을 배우기 시작합니다.

사실 사람 몸은 물 속에서 부력을 받기 때문에 저절로 뜨게 되어 있 습니다. 가만히 있는다고 해서 결코 가라앉지 않습니다. 그런데 상급 자도 따로 배워야 할 수 있는 가라앉기 스킬을 수영 초보자가 한다니! 물속 사정을 아는 사람이 듣기에는 이상하게도, 재밌게도 들립니다.

왜 수영 못하는 사람들은 자기가 물에 가라앉는다고 하는 걸까요? 그 이유는 분명합니다. 자신이 가라앉을 거라고 **'생각하기'** 때문입니다. 단지 그뿐입니다. 생각이 현실을 창조합니다. 아무 생각 안 하고 물 속에서 가만히 있으면 부력을 받은 몸은 저절로 수면으로 떠오를 수밖에 없습니다. 그러나 물을 무서워하거나 수영을 처음 배우는 분들은 자기가 물에 들어가면 가라앉을 거라 '생각합니다.' 두려움 때문입니다. 겁을 집어먹고서는 가라앉을 거라 굳게 믿습니다.

가라앉을 거라고 굳게 믿고서 물에 들어가면 어떻게 될까요? 실제로 가라앉습니다. 왜냐하면 겁에 질려 온 힘을 다해 허우적대다가 체력이 바닥나기 때문입니다. 게다가 당황해서 물까지 꿀떡꿀떡 삼켜대니 신체는 부력을 잃고 가라앉을 수밖에 없습니다. 이 모든 일은 겁에 질리지 않고 침착하게 있었다면 절대로 발생하지 않을 일이었습니다. 결국 수영 못하는 사람이 물에 가라앉는 이유는 오로지 하나, **빠질 거라는 생각**뿐입니다. 빠질 거라는 생각이 물에 빠지는 현실을 창조합니다.

심리학에서 '자기충족적 예언(Self-Fulfillment Prophecy)'이라는 말이 있습니다. 미래 예언은 스스로를 충족시킨다! 쉽게 말하면 **생각이 그대로 현실이 되는 현상**을 가리키는 말입니다. 특히 두려움은 더더욱 쉽게 현실이 됩니다. 가난해질지 모른다는 두려움, 외톨이가 될지 모른다는 두려움에 잠식되어 살아가는 경우가 많습니다. 그런 두려움은 그대로 현실이 됩니다. 물에 가라앉을 거라는 생각이 실제로 가라앉는 현실을 만들어내듯이요. 그런데 다행입니다. '희망'도 쉽게 현실이 됩니다. 아무리 맥주병이라도 물에 뜰 거라는 희망을 품으면 실제로 물에 뜹니다.

이 원리는 인생 모든 영역에 똑같이 적용됩니다. 희망을 품으면 현실이 희망찹니다. 두려움을 품으면 현실이 두려움으로 가득 찹니다. 퇴사를 희망하는 우리에게 아주 중요한 교훈입니다. 퇴사하면 망할 거라고 생각하면 어떻게 될까요? 안 봐도 비디오입니다. 망합니다. 반대로 퇴사하면 성공할 거라고 생각하면 어떻게 될까요? 성공합니다.

퇴사를 앞두고 압도적 확신이 있었습니다. '퇴사 후 인생은 100% 내 뜻대로 될 것이다!' 이 확신은 최홍만 선수가 10kg짜리 해머를 가져와서 내리쳐도 절대 깨지지 않을 정도로 단단했습니다. 그 견고한 믿음은 자기충족적 예언이 됐습니다. 퇴사 후 1년이 지난 지금, 저는 믿음이 100% 현실화된 현재를 살고 있습니다.

10kg 해머로 내리쳐도 끄떡없을 정도로 탄탄한 믿음! 그런 압도적 믿음으로 멘탈에 갑옷을 씌워야 합니다. 우리 주위에는 온통 부정적 망령이 가득하기 때문입니다.

퇴사하고 사업하면 망한다.

남들 하는 대로 평범하게 살지 않으면 굶어 죽는다.

좋아하는 일만 하며 사는 사람은 이 세상에 없다.

견고한 확신만이 이런 부정적 망령들로부터 멘탈을 보호해 줍니다.

탄탄한 갑옷과 같은 확신은 여러분 무의식에 가닿습니다. 심리학자 지그문트 프로이드는 사람 모든 행동은 무의식의 산물이라고 했습니다. 행동뿐만 아니라 우리 주위에서 발생하는 모든 일은 무의식의 발현입니다. 무의식에 가닿은 확신은 자기충족적 예언이 되어 100% 여러분의 현실에 모습을 드러낼 겁니다.

어떻게 해야 그렇게 강한 확신을 가질 수 있냐고요? 쉽습니다. 딱 두가지만 기억하면 누구나 압도적 확신으로 멘탈을 둘러쌀 수 있습니다. **하나는 말이고 둘은 반복입니다. 말을 반복**함으로써 압도적 확신을 무의식에 심을 수 있습니다. 긍정확언이라고 합니다. 여러분이 원하는 미래를 문장으로 만들어 매일매일 반복해서 외치기만 하면 됩니다. 예를 들면 이렇습니다. '2025년에 나는 100억 원 자산가가 됐다! 연 매출 100억 원 달성했다!'

하루이틀로는 택도 없습니다. 평생 해야 합니다. 베스트셀러 『고전이 답했다』의 저자 고명환 작가 유튜브 채널에 가면 매일 새벽마다 긍정 확언을 외치는 영상이 올라옵니다. 그는 2024년 8월 26일에 1,000일을 달성했다고 합니다. 그 이상의 끈기와 저력이 있어야 합니다. 100일이고 1,000일이고 10,000일이고, 포기하지 않고 반복해 봅시다. 끝은 없습니다. 머지않아 그 말이 자기충족적 예언이 되어 현실에 나타나는 광경을 목격하고 놀라실 겁니다.

한걸음, 두려움 이겨내는 방법

어렸을 적을 떠올려 보실 수 있나요? 우리는 한 번도 해본 적 없는 새로운 일들에 부딪히며 살아갑니다. 걸음마를 시작하는 아기 때, 중학생이 될 때, 대학생이 될 때, 졸업하고 나서 직장 일을 시작할 때, 마주하는 모든 일들은 전에 겪은 적 없는 새로운 일들입니다.

그때마다 항상 두렵습니다. 중학생이 되면서 두려웠던 기억이 생생합니다. '내가 중학생이라니? 나는 아직 어린아이인데?' 초등학생일 때는 중학생들이 다 큰 어른처럼 보였기 때문입니다. 벌써 내가 중학생이 됐다는 사실을 믿을 수 없었습니다. 내가 중학생으로서 할 일을 잘 해낼 수 있을까? 두려움이 앞섰습니다.

인생은 그렇습니다. 우리는 항상 이전과는 전혀 다른 환경으로 나아가야만 합니다. 그럴 때마다 두려움이 엄습합니다. 대학생이 돼서는 이제 성인이니 내 삶을 책임져야 한다는 중압감에 짓눌렸습니다. 직장인이 됐을 때도 마찬가지입니다. 내 밥값을 알아서 벌고 치열한 사회생활에서 살아남아야 한다는 압박에 짓눌렸습니다.

그러나 항상 이겨냈습니다. 물론 이겨내기 위해서는 치열한 노력이 필요합니다. 중학교에서 새 친구를 사귀려면 어색함을 이겨내고 먼저 말을 걸어야 했습니다. 대학에 입학하기 위해서, 취업하기 위해서, 쓰러지기 직전까지 공부해야 했습니다. 결국 어떻게 해서든 이겨냈습니다.

지금도 마찬가지입니다. 이제는 퇴사 후 온전히 내 능력에 기대어 살아가기 위해 분투합니다. 정글에 홀로 내던져진 한 마리 호랑이라도 된 듯합니다. 지금도 두렵습니다. 물어볼 옆 동료는 없습니다. 기댈 팀장님도 없습니다. 모든 일을 온전히 혼자 힘으로 다 해내야 합니다. 책임도 스스로 져야만 합니다. 그러나 항상 그래왔듯 결국 극복해낼 거라 확신합니다.

이제는 그 극복법을 압니다. 간단합니다. 어둠 속에서 한걸음 한 걸음, 앞으로 나아가는 과정과 비슷합니다. 앞이 보이지 않는 어둠 속에서 걸음을 내디딜 때는 한걸음, 또 한걸음, 천천히 나아가면 됩니다. 당장 내 눈에 보이는 부분에만 온 정신을 집중하면 충분합니다. 한 걸음 내디뎠다면 이제 한 걸음만큼 더 멀리 볼 수 있습니다. 그러면 아까는 안 보였지만 이제는 보이는 곳에 집중해서 다음 한 걸음을 또 내디디면 됩니다.

이때 보이지 않는 저 먼 곳의 어둠을 쳐다보는 게 아닙니다. 멀리 보는 순간 두려움이 끓어오릅니다. 보이지 않는 곳에는 신경을 완전히 끕니다. 내가 지금 디뎌야 할 한 걸음 앞에 온 정신을 집중합니다. 어둠을 쳐다보며 두려움에 떨고 있으면 쉬운 걸음도 내딛지 못합니다. 보이지 않는 저 먼 곳의 어둠은 머지않아 눈에 잘 보이게 됩니다. 지금 내디딜 수 있는 한 걸음을 내딛고, 또 그다음 걸음을 내딛고, 또 그다음 걸음을 내디디면 아무리 칠흑 같은 어둠이라고 할지라도 결국에는 보입니다. 일단 잘 보이게 되면 그 어둠 속에 두려워할 만한 건 전혀 없었다는 걸 깨닫게 됩니다.

이렇게 두려움과 걱정을 이겨내는 방법은 간단합니다. 먼 곳의 어둠을 바라보지 말고 지금 내디딜 수 있는 한 걸음에 집중하기만 하면 됩니다. 쓸데없이 미래를 걱정하거나 과거를 후회하지 말고, 현재에 집중하기만 하면 충분합니다.

두려움, 고맙습니다

두려움은 우리를 괴롭힙니다. 우리는 항상 마음이 하는 소리를 따라 새 삶을 살고 싶습니다. 그러나 두려움이 행동을 막습니다. 두려움이 펼쳐대는 방해 공작 때문에 우리는 마음이 이끄는 삶을 살지 못합니다. 그래서 스스로를 두려움과 불안에게 괴롭힘 당하는 불쌍한 존재로 여깁니다. 그래서 두려움이란 박멸해야만 하는 존재로 여기기도 합니다. 그러나 저는 두려움이 고맙습니다. 왜냐하면 나를 돕는다는 사실을 알기 때문입니다.

두려움은 그 반대편의 가치를 알려주기 위해서 존재합니다. 두려움이 있기 때문에 우리는 희망을 압니다. 모든 부정은 긍정을 알려줍니다. 부정이 없다면 긍정도 없습니다. 암흑이 없다면 밝음도 없습니다. 고통이 없으면 즐거움도 없습니다. 한계가 없으면 무한도 없습니다. 불안이 없다면 안정도 없습니다. 두려움이 없다면 희망도 없습니다.

두려움이란 매사 훼방을 놓는 귀찮은 방해꾼처럼 느껴집니다. 그러나 본질적으로는 우리를 도와주기 위해서 존재합니다. 그 존재 의미를 잘 생각하다 보면 두려움이 고마워집니다.

인간은 고통을 거쳐서 쾌락을 느낀다. 이런 쾌락이 좋은 쾌락이다. 『고전이 답했다 마땅히 살아야 할 삶에 대하여』, 고명환, 라곰

2부

퇴사 후 자립,
세상에서 가장
행복해지다

4장

세상에서 가장 행복해지는 필수 마음

공무원 세상만 벗어난다고 해서, 직장생활에서 해방된다고 해서 자동적으로 행복을 쟁취할 수 있을까요? 그러면 좋겠지만 안타깝게도 현실은 냉혹합니다. 오히려 퇴사 후 더 큰 시련이 닥치면 닥쳤지 결코 자동적 행복이 뒤따르지 않습니다. 이렇게 생각하실 수도 있습니다.

당연하지! 퇴사하고 돈을 더 벌 수 있어야 행복하지!

그러나 제 경험상 그것도 아니었습니다. 퇴사 후 세상에서 가장 행복해지기 위해서 가장 필요한 건 직장에 얽매이지 않은 자유로운 시간도 아니었고, 쥐꼬리만 한 월급보다 훨씬 큰 사업소득도 아니었습니다. 그것은 다름아닌 '마음'이었습니다. 퇴사 후에 행복을 쟁취하기 위해서는 시간도 아닌, 돈도 아닌, 마음가짐이 필요했습니다. 지금부터는 공무원 퇴사 후 세상에서 가장 행복한 1인이 되는 데 가장 필수적인 마음가짐을 말씀드리고 싶습니다.

1) 평범함을 벗어나는 마음

그때 부모님 말 안 듣길 참 잘했어~

부모님과 선생님들에게는 죄송한 말씀이긴 합니다만 저는 종종 위와 같이 생각할 때가 있습니다. 우리는 어렸을 적 부모님, 선생님 말 잘 들으라는 이야기를 자주 들으며 자랍니다. 그러나 어른들 말씀을 거역해야 하는 때도 많습니다. 저는 그랬기 때문에 인생이 잘 풀렸고 아주 행복한 삶을 살고 있다고 확신합니다. 부모님, 선생님 말 잘 듣는 모범생이어서 좋을 때도 있지만 때로는 반항적이거나 반사회적이어야 할 때도 있습니다.

저는 학창 시절 소위 말하는 '문제아'였습니다. 공부는 안 했습니다. 선생님 말도 안 들었습니다. 학교 가기 싫으면 안 갔습니다. 학교 끝나면 늦은 시간까지 아르바이트를 했고 부족한 잠을 학교 수업 시간에 보충했습니다. 음악을 하고자 하는 꿈이 있었습니다. 그 꿈을 이루기 위해서는 학교 공부가 전혀 중요하지 않았습니다. 내 꿈을 따르고자 했습니다. 그러기 위해서 부모님과 선생님 말을 듣지 않고 문제아가 되는 걸 택했습니다. 물론 나쁜 짓을 하고 다니지는 않았습니다. 친구들을 때린다든가 범죄를 저지르지는 않았습니다. 그저 내가 하고 싶은 일을 하기 위해서는 어른들의 말을 들어봤자 별로 도움이 되지 않는다고 판단했을 뿐입니다.

결론적으로 지금 생각해 보면 너무나 잘한 일이라고 생각합니다. **'정말 너무 잘했어!'** 스스로를 격하게 칭찬해 주고 싶습니다. 만약 그때 제가 스스로의 목소리에 귀 기울이지 않고, 어른들의 말만 듣고서 꼭 두각시처럼 살아왔다면 지금쯤 세상을 저주하며 불행한 삶을 살고 있을 거라 확신합니다. 내 마음이 이끄는 삶이 아니기 때문입니다. 스스로가 선택하지 않은 일, 원하지 않는 일을 하면서 불만에 가득 차 세상을 저주하면서 살고 있을 겁니다. 그러나 그때 어른들이 하는 말, 사회가 하는 말보다는 내가 스스로에게 하는 말에 귀 기울였기 때문에 저는 지금 누구보다도 행복한 삶을 살고 있습니다.

반사회적이거나 반항적이어야 할 때도 있습니다. 부모님, 선생님이 하라는 반대로 해야 더 좋은 선택이 될 수도 있습니다. 내 평생의 방향을 결정짓는 중대한 결정일수록 더 그렇습니다. 대학을 고를 때, 전공을 선택할 때, 직업을 고를 때, 결혼할 때와 같이 인생이 흔들릴 만한 중요한 선택을 할 때가 바로 그때입니다. 부모님과 선생님 말만 듣고 꼭두각시처럼 따르기만 하면 크게 후회합니다. 순응하기만 하지 말고 반항적인 태도를 취해야 합니다. 그리고 내면의 목소리를 듣고 결정해야 합니다. 내 뜻에 따라서 결정해야 합니다. 물론 그러기 위해서는 내 뜻이 있어야 합니다. 내 뜻이 없는 무조건적 반항은 아무 의미가 없습니다. 내 선택이 맞다는 강철과 같은 확신으로 무장한 뜻이 있어야 합니다.

물론 어른들의 조언을 무시하라는 뜻은 아닙니다. 부모님이 걱정해서 해주는 말, 선생님들이 나름의 경험으로 조언해 주는 말을 경청해야 합니다. 그러나 어디까지나 조언입니다. 어른들이 해주는 진심이 담긴 조언을 잘 듣고 마음에 새겨야 한다는 건 분명합니다. 그러나 그 말을 절대적으로 따르지 않아도 됩니다. 조언을 잘 소화하고 내 생각으로 판단해서 최종 결정은 내가 내려야 합니다. 그리고 그 책임도 내가 져야 합니다. 말 잘 듣는 착한 아이로만 살면서 내면의 목소리에 귀 기울이지 않는다면 원하지 않는 삶이 들이닥칩니다. 내면이 원하지 않는 삶은 불행합니다. 불행해도 원망할 수 있는 건 자기 자신뿐입니다. 말 잘 듣는 착한 아이가 되기로 한 선택도 스스로 했을 뿐이기 때문입니다.

때로는 부모님과 선생님의 뜻을 거스르고 반항하는 배짱이 있어야 합니다. 두둑한 배짱으로 중무장해야만 반항아가 되어 내 뜻을 관철할 수 있습니다. 특히 우리나라에는 '부모님 말씀 잘 들으면 자다가도 떡이 생긴다.'라는 말이 있습니다. 어른들 말씀을 잘 듣고 평범하게 남들 하는 대로 따라 사는 게 최고라는 괴상한 사회 분위기가 있습니다. 참 황당합니다. 그렇기 때문에 더더욱 배짱이 필요합니다. 세상이 하는 말에 휘둘리지 않을 수 있습니다. 내 배짱에 따라 뚝심 있게 내 뜻을 밀고 나갈 수 있습니다.

두둑한 배짱을 갖추고 싶다면 뭐가 필요할까요? **첫째, 확답입니다.** '무엇이 옳은가?'라는 질문에 대한 확실한 답이 있어야 합니다. 물론 여기서 말하는 옳음이란 도덕적 정의라든가 절대적인 선처럼 거창한 개념이 아닙니다. 그런 건 대학교 철학과 레포트로 쓸 만한 내용입니다. 우리에게 필요한 건 단지 '나에게 뭐가 이로운가?'라는 질문에 대한 스스로의 해답입니다. 예를 들면 학교 공부가 내게 이로운지, 아니면 내 내면이 원하는 다른 무언가가 내게 이로운지, 확답이 필요합니다.

둘째, 확신입니다. 스스로에 대한 확신이 있어야 합니다. '부모님 말도, 선생님 말도 듣지 않고 내가 옳다고 생각하는 바에 따랐을 때, 분명히 더 나은 삶을 살 수 있는가?' 이 질문에 확신으로 답할 수 있어야 합니다. 그래야만 '다 너를 위한 거야.'라는 부모님과 선생님의 말을 뿌리치는 배짱을 갖출 수 있습니다.

확답과 확신이 있다면 여러분의 뜻을 밀어붙이세요. 평범한 게 최고라는 부모님과 선생님 말씀을 당당히 거역하는 마음이 필요합니다. 배짱으로 무장하고 평범함을 벗어나는 마음은 여러분을 세상 최고 행복으로 이끕니다.

2) 삼성3成으로 향하는 마음

삼성3成(이룰 성)이란 성공成功 성취成就 성장成長입니다.
평생토록 이 3가지 이룸을 향하는 마음가짐으로 살아간다면 행복하지 않을 수가 없습니다.

성공成功하는 삶을 향하는 마음

저는 성공했습니다. 아주 자신 있게 말할 수 있습니다. 내가 정한 '성공의 정의'에 스스로 부합한다고 확신하기 때문입니다. 어떻게 그렇게 확신할 수 있냐고요? 성공의 절대적 정의란 없다고 확신하기 때문입니다. 성공이란 상대적입니다. 이 사람은 1,000억 원 자산가로서 사는 삶이 성공이라고 합니다. 저 사람은 세계여행 다니는 삶이 성공이라고 합니다. 그 사람은 오늘 점심 먹을 수 있는 삶이 성공이라고 합니다. 모든 사람들이 저마다 성공을 다르게 정의합니다. 또 그래야만 합니다. 여러분의 성공은 무엇인가요? 스스로 성공을 정의하고 그 정의에 따라 스스로가 성공한 사람인지 아닌지 판단해보시기 바랍니다.

예를 들어 제가 정의하는 성공이란 다음 2가지 요건을 충족하는 삶입니다.

1. 현재에 만족하는 삶
2. 만족하면서도 계속 나아가는 삶

1. 현재에 만족하는 삶

성공의 첫째 요건은 현재에 만족하는 삶을 살기입니다. 지금 뭘 가졌든 못 가졌든, 지금 돈이 많든 적든, 지금 사는 곳이 마음에 들든 들지 않든, 함께 일하는 사람이 마음에 들든 마음에 들지 않든, 하는 일이 마음에 들든 들지 않든, 상관없이 지금 현재에 만족할 수 있는 능력은 성공의 필수 요건입니다. 지금 현재 가진 것들, 현재 누리는 것들, 현재 타고난 것들, 현재 주어진 것들에 만족할 수 있어야 합니다. 지금 만족할 줄 모른다면 끝을 모르는 탐욕에 눈이 멀게 될 위험이 크기 때문입니다.

2. 만족하면서도 나아가는 삶

그런데 현재에 만족하기만 해서는 부족합니다. 인생이 정체됩니다. 현재에 만족한다고 멈춰 있기만 해서는 성공한 삶이 아닙니다. 지금 만족하기 때문에 멈추는 삶이 아닙니다. 지금 만족하기 때문에 더 큰 만족을 향해서 나아가는 삶이 진짜 성공입니다.

저는 명백히 성공했습니다. 물론 그것이 아주 작은 성공에 불과할지라도 또는 누군가 비웃을 수도 있을지 몰라도 말입니다. 다른 사람이 뭐라고 하는지는 제게 전혀 중요하지 않습니다. 아무런 영향을 미치지 않습니다. 그러므로 저는 100% 성공한 사람입니다.

여러분들께서는 어떻게 생각하시나요? 스스로 생각하기에 자신이 성공한 사람이라고 생각하시나요? 아니면 성공하지 못한 사람이라 생각하시나요? 혹은 잘 모르겠나요? 잘 모르겠다면, 여러분께서는 스스로 생각하는 성공의 정의가 없기 때문입니다. 일단 성공이란 도대체 무엇인가? 생각해 보시기 바랍니다. 스스로 생각하는 성공의 정의가 있어야만 자기가 성공했는지, 아니면 성공하지 못했는지 판단할 수 있습니다. 이때가 바로 **남이 하는 말은 무시할 때입니다. 부모님이 말하는 성공이 아닙니다.** 여러분 내면이 가리키는 성공의 방향은 어디인가요?

이렇게 스스로 정한 확고한 성공의 정의가 있고 그 정의가 가리키는 인생 방향으로 나아갈 때 우리는 행복합니다. 제가 스스로를 행복한 사람이라고 자신하는 이유도 여기에 있습니다. 직접 정한 성공의 정의에 충실한 삶은 저절로 행복으로 나아갑니다.

성취成就하는 삶을 향하는 마음

다음은 성취를 이어가기입니다. 생애 나름의 목표를 설정하고 그 목표를 달성하면 성취감을 맛봅니다. 이 과정을 인생 내내 기꺼이 계속하려는 마음이 우리를 행복으로 이끕니다. 성인이 되고부터 평생을 그렇게 살아왔습니다. 학생 때는 대학교에 입학하겠다는 목표를 설정했고 성취했습니다. 한 번 성취하고서 멈추지 않았습니다. 대학교 졸업하고 나서는 대학원에 입학해서 더 깊은 공부를 성취하고자 했습니다. 직장인으로서도 현재에 안주하지 않았습니다. 사업에 도전해서 더 큰 성취를 이루고자 했습니다. 이런 모든 성취의 과정에서 압도적 행복을 마주합니다.

행복으로 이어지는 성취, 3가지 필수요건

그러나 단순히 목표를 설정하고 성취하는 것만으로는 부족합니다. 다음 3가지 요건이 충족돼야만 행복에 도취되어 살 수가 있습니다.

1. 스스로 정한 목표
2. 기한 설정
3. 목표의 점진적 확장

1. 스스로 정한 목표

첫 번째 요건은, 매번 달성해 나갈 목표는 스스로 정해야 한다는 점입니다. 직접 정하지 않고 남이 정해준 목표는 결코 성취감을 주지 않습니다. 싫어도 부모님이 강제로 정해준 목표를 따르는 경우가 많습니다. 또는 별 생각 없이 선생님이 하라는 대로, 주변 친구들 하는 대로, 남들 따라 목표를 정하기도 합니다.

대학교에 진학하더라도 부모님과 선생님이 가라는 학교를 목표로 정하지 마세요. 내가 가고 싶은 학교가 어디인지 그 학교에 왜 가고 싶은지 스스로 생각해봅시다. 남들이 가라는 학교보다는 내가 가고 싶은 학교에 갔을 때 100배 큰 성취감을 얻을 수 있습니다. 또는 대학에 가지 않는 선택이 더 나은 미래로 이어진다면 서슴없이 그러시기 바랍니다.

2. 기한 설정

두 번째 요건은, 목표 달성 기한이 있어야 한다는 점입니다. 목표에 기한이 없다? 그 목표를 이루지 않겠다는 뜻입니다. '컴퓨터활용능력 자격증 따야지…'라는 말은, '컴퓨터활용능력 자격증을 따지 말아야지…'와 똑같습니다. 기한 없는 목표는 중요하지 않은 목표입니다. 중요하지 않은 목표는 결코 이뤄지지 않습니다. 다른 더 중요한 일이 항상 우선이기 때문입니다. 우선순위에서 밀리는 목표란 달성되지 않습니다.

'파킨슨의 법칙'을 들어보셨나요? 어떤 일을 처리하는 데 걸리는 시간은 그 기한만큼 늘어난다는 법칙입니다. 회사 매출 자료를 정리해서 다음 주 금요일 17시까지 제출하라는 지시가 떨어지면 어떤가요? 대다수는 목요일까지 내팽개쳐둡니다. 그리고 금요일 15시가 돼서야 부랴부랴 자료를 들춰보기 시작합니다. 당장 처리할 수 있는 간단한 일일수록 더 그렇습니다. 파킨슨의 법칙에 따라 일을 그르치지 않기 위해서는 기한 설정만이 답입니다. '컴활 자격증을 따야지!'가 아닙니다. '컴활 자격증을 ○○년 ○○월 ○○일 ○○시 시험에 응시해서 합격해야지!'라고 할 줄 알아야 합니다.

3. 목표의 점진적 확장

세 번째 요건은 목표를 하나 달성했다면 그 다음에는 목표를 점진적으로 확장해야 한다는 점입니다. 다음 목표는 어렵게, 그다음 목표는 더 어렵게, 난도를 점진적으로 올려야 합니다. 저는 대입에 한번 성공하고 나서 조금 더 어려운 대입에 다시 도전했습니다. 더 좋은 학교로 편입학을 시도했습니다. 그리고 대학을 졸업하고 나서도 또 조금 더 어려운 일, 석사 학위 취득에 도전했습니다.

직업에 대해서도 마찬가지입니다. 취업에 성공하고 나서도 멈추지 않았습니다. 퇴사 후 창업에 도전했습니다. 또 작가 데뷔에 도전했습니다. 이렇게 계속해서 조금씩 더 난도를 높여가며 성취를 이어갑시다. 그 확장 크기만큼 성취감의 크기도 덩달아 확장됩니다. 나아가 성취로부터 오는 행복의 크기도 덩달아 확장됩니다.

이렇게 1. 스스로 정한 목표를 2. 기한을 정해서 3. 점진적으로 확정해 나간다면, 행복에 도취되어 살아갈 수 있습니다.

물론 목표 성취란 어렵습니다. 그래서 행복하기란 쉬운 일이 아니라고 할 수도 있습니다. 그러나 아주 쉬운 목표부터 시작한다면 전혀 어렵지 않습니다. 예를 들면 '하루에 팔 굽혀 펴기 1개 하기' 정도의 목표를 세우고, 성취를 이어가면 됩니다. 워드프레스를 창시한 억만장자, '매트 뮬렌웨그'는 자신이 하루에 하는 일 중, '팔 굽혀 펴기 1개 루틴'이 가장 위대하다고 말합니다. 쓰러지도록 피곤하더라도 팔 굽혀 펴기 1개를 못한다는 핑계를 댈 수는 없기 때문입니다. 그런데 놀랍게도 어떻게든 1개를 하기 시작하면 결코 1개에서 끝나는 법이 없습니다. 1개 시작에서 탄력이 붙으면 사람은 10개고, 100개고 하게 됩니다.

제 삶도 그렇습니다. 아무리 거대한 인생 변화라도 그 시작은 항상 아주 작은 변화였을 뿐입니다. 안정적 직장을 과감하게 떠났던 변화의 뿌리에는 매일매일 1시간의 독서가 있었을 뿐이었습니다. 한 권 책 완성도 마찬가지입니다. 250페이지 분량 책 완성의 뿌리에는 매일 꾸준히 쓴 하루 1페이지의 글이 있었을 뿐이었습니다.

성장成長하는 삶을 향하는 마음

88%의 사람들이 평생 태어난 고향을 떠나지 않는다고 합니다. 익숙한 장소를 떠나고 싶지 않기 때문입니다. 우리는 아는 사람 한 명 없는 전혀 모르는 지역에서 혈혈단신으로 살 때 위험을 느낍니다. 그러나 기꺼이 고향을 떠나서 전혀 낯선 환경에 가서 살아보는 배짱이 필요할 때도 있습니다. 그래야만 더 넓은 세상에서 살 수 있기 때문입니다.

인간이란 경험이 쌓여서 완성되는 존재입니다. 인간이란 경험 그 자체입니다. 그래서 새로운 경험을 많이 할수록 더 성숙한 인간이 됩니다. 더 성숙한 인간이 되고 싶다면 새로운 경험을 하기 위해서 기꺼이 고향을 떠나서 살아보는 배짱이 필요합니다. 위험을 기꺼이 찾아다녀야 합니다.

성장하기 위해 위험을 감수하라는 말은 진부합니다. 자기계발서만 펼치면 항상 나오는 상투적 표현입니다. 그러나 진부한 이야기로 치부해 버리고 말기보다는 그 이유를 잘 생각해 봅시다. 그런 태도가 자신에게 유리합니다. 왜 그렇게 위험을 감수하는 게 중요하다고 하는 걸까요? 그 이유는 '성장의 길'에는 항상 위험이 함께하기 때문입니다. 다음과 같은 이분법이 성립합니다.

성장의 길 - 위험 VS 정체의 길 - 안전

그래서 위험을 지나가지 않는다면, 항상 정체될 수밖에 없습니다. 예를 들어 바닥을 기어다닐 줄만 알던 어린아이가 성장해서 걸어 다니고 싶다면 넘어져야만 합니다. 넘어지지 않겠답시고 걷기를 시도하지 않으면 평생 기어다닐 수밖에 없습니다. 매년 1억 원 벌던 사람이 매년 10억 원을 벌고 싶다면, 9억 원만큼 더 가치가 있는 위험한 일을 시작해야 합니다. 그렇지 않으면 수입은 평생 1억 원 수준을 벗어날 수 없습니다. 이렇게 성장의 길에는 항상 위험이 놓여 있습니다. 전혀 모르던 새로운 세상을 겪어보고 식견을 쌓고 싶다면 고향을 기꺼이 떠나야 합니다. 위험을 찾아가야 합니다.

세상이 돌아가는 원리입니다. 위험을 겪으며 단련된 사람에게만 성장이라는 과실을 맛보게 하고 싶은 세상의 뜻입니다. 더 나아지고 싶다면 위험을 찾아다녀야만 합니다. 인간의 운명입니다. 좁은 세계관을 벗어나기 위해 고향을 기꺼이 떠나는 배짱이 필요합니다.

공무원 세상을 떠난 선택도 '고향을 기꺼이 떠나는 마음'에서 비롯됐습니다. 세계여행을 떠나려는 마음 또한 마찬가지입니다. 앞으로 지금까지 전혀 살아본 적 없던 지방에 가서 살아볼 계획도 있습니다. 아무런 연고도 없는 곳으로요.

이렇게 고향을 기꺼이 떠나는 배짱과 함께 위험과 불편함을 오히려 먼저 찾아간다면 세상은 그에 걸맞은, 심지어 그 이상 값어치를 하는 '성장'이라는 보상을 내어줄 겁니다. 이렇게 성장을 지속하는 삶 속에서 행복 또한 함께 성장합니다.

3성하기 위해서는 시간이 필요합니다

우리는 항상 3성(성공, 성취, 성장)을 향해 살아왔고, 또 그래야만 합니다. 여러분들께서도 분명히 모든 걸 걸고서라도 성장하려, 성취하려, 궁극적으로는 성공하려 노력하고 계실 겁니다. 누군가는 1,000억 원 자산가가 되어 직장에 얽매이지 않는 삶을 성공이라 여길 수 있습니다. 또 누군가는 영혼의 단짝을 만나 알콩달콩 행복하게 사는 삶을 성공이라 여길 수도 있습니다. 저마다 목적지에 다다르기 위해 성장하고 성취하며 살아갑니다. 그러기 위해서 공부를 열심히 해서 좋은 대학교에 진학하고자 노력하기도 합니다. 그런가 하면 외모와 내면을 가꿔서 나와 더 잘 맞는 사람을 사귀기 위해 노력하기도 합니다. 이렇게 우리는 항상 내가 중요하게 생각하는 뭔가를 이루기 위해서 노력하면서 살아가곤 합니다.

　그런데 정말로 이루고자 한다면 조급함을 버려야 합니다. 정말 중요한 성공, 성장, 성취는 긴 시간이 필요하기 때문입니다. 9년 동안 취미로 배운 수영에서 그 원리를 깊이 체험했습니다. 수영은 예술입니다. 운동이 아니라 '육체 예술'입니다. 왜냐하면 머리끝부터 발끝까지 말 그대로 전신 곳곳을 디테일하게 컨트롤하는 능력을 갖춰야만 완벽하게 수영을 해낼 수 있기 때문입니다. 수영 최상급 단계에 이르면 심지어 발목 모양 디테일까지 신경써야 합니다. 발목을 발레 선수처럼 있는 힘껏 1자로 꺾은 상태로 발차기를 할 줄 알아야 합니다. 허벅지부터 발끝까지 완벽한 1자 형태로 만들기 위해서입니다. 그렇지 않으면 발이 저항을 만들기 때문입니다. 그러면서도 다리가 뻣뻣하게 굳어지면 안 됩니다. 다리 전체에는 힘을 빼고서 발목 부분에만 정확히 필요한 만큼의 미묘한 힘을 분배해서 1자 형태를 유지할 줄 알아야 합니다. 즉 예술에 가깝도록 미세하게 근육 컨트롤을 해낼 수 있어야 합니다. 그래서 수영이란 단순 운동의 의미를 넘어섭니다. 수영은 '육체 예술'과도 같습니다.

이렇게 수영의 디테일한 예술적 특징까지 알아차리고 실제 적용까지 하기 위해서는 한두 달로는 어림도 없습니다. 지난 수영 인생을 돌아보면 8년 차 때까지만 해도 발목 모양 디테일을 인지하는 수준에는 미치지 못했습니다. 9년 차에 접어들어서야 비로소 알게 됐습니다. 코앞에 있었지만 전혀 모르던 새로운 세상을 알아차린 듯한 깨달음이었습니다. 이 사실을 알아차리고 나서 수영 실력이 크게 업그레이드되었습니다. 소위 퀀텀 점프라고 하는 정도의 실력 향상이 뒤따랐습니다. 무려 9년이라는 세월을 거쳐서 찾아온 깨달음 덕분이었습니다.

이런 원리는 우리 인생 모든 면에서 똑같이 적용됩니다. 큰 인생 성장이 찾아올 때는 항상 이런 식입니다. 퀀텀 점프 수준의 급격한 성장은 결코 한두 달 짧은 세월로는 불가능합니다. 강산이 변하는 것과 같은 거대한 시간을 인내할 수 있어야만 큰 성장을 이뤄낼 수 있습니다.

황금보다 귀한 시간! 우리는 시간을 아끼고 싶습니다. 그래서 짧은 시간에 큰 일을 이뤄내고 싶습니다. 그러기 위해서 뭔가 비밀스러운 솔루션이 있지 않을까 찾아 헤맵니다. 안타깝지만 그런 건 없습니다. 큰 성장을 이뤄내기 위해서는 그 크기에 걸맞은 거대한 시간을 인내할 수 있어야 합니다. 물론 그 긴 세월 동안 힘들고 지겨운 연습과 노력을 멈추지 않아야 한다는 건 당연합니다. 만약 제가 수영을 고작

1~2년 하다가 멈췄다면 결코 9년 차에 얻은 갑작스러운 깨달음과 실력 향상을 경험할 수는 없었을 겁니다. 성장하기 위해서는 지루함으로 가득한 연습과 노력의 시간을 견뎌야만 합니다.

그렇기 때문에 어느 분야에서든 성공하기 위해 끈기라는 자질이 그토록 강조됩니다. 성공의 길을 알려주는 자기계발서가 무수히 많습니다. '끈기'를 강조하지 않는 경우는 하나도 없습니다. 가장 인상 깊었던 책으로 앤절라 더크워스의 베스트셀러 『그릿』이 떠오릅니다. 그릿(Grit)이란 간단히 말하면 열정과 인내의 자질을 말합니다. 한 단어로 깔끔하게 표현할 수 있다면 '끈기'입니다. 『그릿』은 성공하기 위해 가장 중요한 요소는 타고난 재능이 아니라 '그릿'이라고 합니다. 수많은 성공인을 조사해서 성공의 주요 요인을 분석한 결과입니다. 끈기가 중요한 이유는 월등한 발전을 위해서는 항상 거대한 시간을 인내해야만 하기 때문입니다. 우리가 사는 세상은 그렇게 설계됐습니다.

그렇기 때문에 정말로 이루고자 한다면 각오해야 합니다. 결코 한두 달, 일이 년의 세월로는 택도 없는 정도로 거대한 인내의 세월을 거쳐야만 할 겁니다. 그래야 여러분이 이루고자 하는 바를 '정말로' 이룰 수 있습니다. 성장과 성취를 거쳐, 성공에 이르고자 한다면 이 사실을 잊지 않으셨으면 합니다.

3) 돈이 웬수인가!

돈을 버는 이유

우리는 돈이 웬수라고 욕하곤 합니다. 굶어 죽기 싫으면 돈을 벌어야 한다며 툴툴대곤 합니다. 즉 돈을 버는 이유로서 주로 생존을 생각합니다. 그렇습니다. 물론 생존도 중요합니다. 일단 살아남지 못하면 무엇도 할 수 없으니까요! 그러나 생존 너머에 뭔가 더 깊은 가치가 있지 않을까요? 사람이란 굶주린 배만 채워서는 살 수 없는 존재입니다. 우리는 머리도, 가슴도, 마음도 채워야만 살 수 있습니다. 그러기 위해서는 생존 너머를 바라봐야 합니다. 그곳에 더 높은 차원의 세상이 기다리고 있습니다. 생존 너머를 바라봄으로써 한층 높은 차원의 행복을 누릴 수 있습니다.

심리학자 매슬로우는 인간 욕구를 5단계로 나누어 설명했습니다. '생리적 욕구─안전 욕구─소속·애정 욕구─존중─자아실현 욕구'입니다. 그는 하위 욕구가 충족돼야만 상위 욕구가 충족될 수 있다는 이론을 정립했습니다. 여러분은 어떠신가요? 이 5단계 욕구 중 어디까지 충족되었나요?

매슬로우의 욕구 5단계 이론

욕구가 충족된 수준은 사람마다 천차만별로 다릅니다. 누군가는 생존 욕구가 충족되지 않아서 생존하기 위해 돈을 벌어야 할 수 있습니다. 그런가 하면 누군가는 생존, 안전, 사랑, 존중 욕구가 모두 충족돼서 자아를 실현하기 위해 돈을 벌어야 할 수 있습니다.

그러나 현재 상태는 중요하지 않습니다. 내 마음이 어느 단계를 지향하고 있는지가 100배 더 중요합니다. 마음이 지향하는 곳으로 현실이 세팅되기 때문입니다. 내 마음이 생존 단계를 벗어나지 못했다면 생존하기 위해 죽도록 돈을 벌어야 하는 삶이 주어집니다. 반면 내 마음이 생존 단계를 초월해 자아실현을 지향하면 자아실현하기 위해 즐겁게 돈을 벌면 되는 삶이 주어집니다.

생존 단계를 초월해서 고차원의 자아실현을 지향하시기 바랍니다. 여러분 마음이 자아실현 단계를 지향하는 순간 생존 문제는 저절로 해결됩니다. 앞으로 버는 돈은 모두 여러분 자아를 실현해주려 온 힘을 기울이기 시작할 겁니다. 자아가 실현된 삶이란 압도적으로 행복한 삶입니다.

그러기 위해서 여러분의 자아가 뭔지 스스로가 알아야 합니다. '나는 누구인가?' 이 질문에 해답을 말할 수 있어야 합니다. 아무리 돈이 많아도 뭔지도 모르는 자아를 실현해 주지는 않기 때문입니다. 당신은 누구십니까? 나만의 고유한 해답을 말씀할 수 있다면 그 실현은 시간문제입니다.

저도 자아실현을 위해서 돈을 법니다. 제 자아는 배우는 삶과 돕는 삶에서 실현됩니다. 제가 버는 모든 돈은 배움과 도움 2가지 가치를 실현하는 데만 쓰입니다. **첫째로 돈을 벌어서 배웁니다.** 세상에 배움보다 재밌는 일은 없습니다. 공부할 때보다 행복한 시간은 없습니다. 이 책을 쓰는 지금도 대학 도서관에서 공부하면서 책을 쓰고 있습니다. **둘째로 돈을 벌어서 세상을 돕습니다. 번 돈을 세상에 나눕니다.** 예를 들면 돈을 벌어서 도서관을 짓고 기부하고 봉사활동하고 세상에 돈을 나눠 가치를 더하고자 합니다. 나눔이란 가장 가치가 높기 때문입니다.

돈을 버는 이유를 단순 생존을 위해서라 생각하는 경우가 많습니다. 그러나 생존보다 높은 가치가 있습니다. 마음을 생존을 초월하는 고차원 단계로 세팅하시기 바랍니다. 그 즉시 생존 문제는 해결됩니다. 더 이상 생존을 위해 돈을 벌지 않아도 됩니다. 이제는 자아실현을 위해 돈을 벌기만 해도 충분합니다. 그 때가 바로 세상에서 가장 행복해지는 순간입니다.

돈을 쓰는 마음, 돈을 흘려보내기

내가 써도 돈이고, 네가 써도 돈이고,
누가 써도 똑같은 돈, 돈은 필요한 곳으로 흐를 뿐!

이런 마음으로 돈을 씁니다. 식당에서, 카페에서, 여행지에서 돈을 쓰곤 합니다. 그때마다 그저 필요한 곳으로 돈이 흘러갈 뿐이라 여깁니다. 식당에서 8,000원을 지불했다면 식당 주인께서는 8,000원을 필요한 곳에 쓸 겁니다. 그는 자신의 필요에 따라 간식을 사 먹거나 옷을 삽니다. 또는 카페에 가서 커피와 빵을 사 먹을 수도 있겠죠. 이렇게 돈은 그저 '필요가 있는 곳으로 흐를 뿐'입니다. 결코 없어지지 않습니다.

그래서 돈을 얼마를 써도, 어디에 써도 아깝지 않습니다. 내 지갑에서 돈이 빠져나가서 사라져 버리는 게 아니기 때문입니다. 필요가 더 큰 곳으로 돈이 흐를 뿐입니다. 돈은 필요에 따라 흐르면서 항상 사람들에게 만족감을 줍니다. 누군가는 8,000원으로 제육볶음을 사먹고 만족감을 얻습니다. 누군가는 8,000원으로 커피와 브런치를 사먹고 만족감을 얻습니다. 돈은 이렇게 쓰일 때마다 사람에게 만족을 줍니다. 그렇기 때문에 돈을 쓰며 아깝다고 생각할 필요가 없습니다. 오히려 내가 건넨 돈이 수없이 많은 사람들에게 만족감을 줄 거라는 생각으로 기뻐할 일입니다.

돈을 소유한다는 착각

회사 월급을 받으면 통장에 돈이 쌓입니다. 그리고 그 돈으로 언제든지 필요한 물건을 살 수 있습니다. 현대 자본주의입니다. 그런데 우리는 돈을 내가 가질 수 있는 것으로 착각하곤 합니다. 사실이 아닙니다. 돈이란 누군가 차지할 수 있는 존재가 아닙니다. 돈이란 믿음이기 때문입니다. 내 통장에 100만 원의 돈이 있다면 그 100만 원을 내가 가지고 있는 게 결코 아닙니다. 그 진짜 의미는 내가 '100만 원만큼의 믿음'을 받을만한 가치가 있는 사람이라는 뜻입니다. 다시 말하면 나는 세상 사람들이 믿기에 '100만 원만큼의 가치'를 다루는 능력이 있는 사람이라는 뜻입니다. 결국 돈이란 내가 얼마만큼 믿을 만한 사람인지를 나타내는 징표일 뿐입니다. 누군가 차지하는 존재가 아닙니다.

그래서 내 통장 잔고가 많다고 해서 '많이 가졌다!'라며 기뻐할 일이 아닙니다. 그게 아니라 세상 사람들로부터 많은 신뢰를 받고 있다는 사실에 대해서 감사해야 할 일입니다. 통장 잔고가 많다면 겸손한 태도로 세상 사람들에게 감사해야 합니다. '나를 이만큼 신뢰해 주다니, 감사합니다.'라는 마음으로 그 믿음에 답하려 노력해야 합니다.

통장에 돈이 많다면 우리가 해야할 일은 뭘까요? 거들먹거리기가 아닙니다. 돈은 세상을 향해 흘려보내야 합니다. 나를 믿어주는 사람들에게 감사한 마음을 담아 세상을 향해 돈을 흘려보내야 합니다. 가족들과 소중한 주변 사람들에게 마음을 담아 선물을 할 수 있습니다. 또는 마음이 닿는 곳으로 돈을 기부할 수도 있습니다. 어떤 경로든 상관없습니다. 세상을 향해 가치와 마음을 흘려보내려는 의도만 담기면 충분합니다. 바로 그때가 여러분의 돈이 가장 가치 있게 활용되는 순간입니다.

돈을 소유하지 않습니다. 돈을 벌어서 내 통장에 돈이 쌓여 있더라도 그건 결코 내 것이 아닙니다. 내 통장 속 돈은 필요한 곳으로 언젠가 흘려보내야 하는 가치입니다. 제 통장 속 돈은 내 필요에 따라 잠깐 머무르고 있을 뿐입니다. 내 필요가 충족되면 다른 사람의 필요를 찾아 흘러갈 겁니다. 그렇게 돈은 세상의 필요를 따라 흘러가면서 만족감을 만들어 내는 존재입니다.

물론 돈을 소유할 수는 없더라도 어디로 흘려보낼지는 내가 결정할 수 있습니다. 좋아하는 식당으로 흘려보낼 수도 있고, 카페로 흘려보낼 수도 있습니다. 또는 친구에게, 가족에게, 지인에게 선물로서 흘려보낼 수도 있습니다.

이때 어디로 어떻게 흘려보낼지는 '더 큰 가치를 생산하는 곳'이 어디일지 생각해서 흘려보냅시다. 기왕 흘려보낼 돈을 더 큰 만족감을 만들어낼 곳을 찾아서 흘려보낸다면 나는 더 큰 가치를 만들어낸 사람이 될 테니까요.

4) 경쟁 따위는 없습니다

소식 들었어? 권고사직 받기 시작한다더라….

부서별로 최소 2명씩 권고사직 내야 한대….

경기 불황의 기업 환경에서 쉽게 접할 수 있는 상황입니다. 우리 부서에서 권고사직을 최소 2명은 받아야겠다는 회사의 방침이 내려오곤 합니다. 부서원 모두 가시방석에 앉은 느낌입니다. 옆 사람이 나가지 않으면 내가 나가야 하는 피 말리는 경쟁! 회사뿐만이 아닙니다. 학교에서도 취업현장에서도 누구나 한 번은 이런 일을 겪습니다. 옆 사람이 합격하면 나는 탈락하고, 옆 사람이 1등 하면 나는 2등이 될 수밖에 없는 경쟁적 현실!

우리는 이런 경쟁에 익숙합니다. 코 흘리는 초등학생 시절부터 이미 극심한 경쟁 환경에 노출되어 살아왔기 때문입니다. 학교에서는 시험 성적 등수를 매겨서 공지합니다. 학교 수업이 끝나도 마찬가지입니다. 똑같이 경쟁을 부추기는 학원에 가면 옆 사람을 짓밟기 위해 노력하라고 부추깁니다. 경쟁에 익숙하지 않은 게 오히려 이상합니다.

그러나 사실 현실은 경쟁적이지 않습니다. 필요한 모든 자원은 풍족합니다. 이 세상은 결코 누군가가 하나를 가지면 누군가가 하나를 빼앗기는 식으로 설계되지 않았습니다. 오히려 반대입니다. 누군가가 하나를 가지면 다른 누군가가 열을 더 가지도록 설계되었습니다. 현실은 경쟁과 거리가 멉니다. 현실은 오히려 협력적입니다. 인간은 본래 도우며 성장하는 존재입니다. 결코 서로 경쟁하고 싸우면서 살아가는 존재가 아닙니다.

한번 생각해 봅시다. 다음과 같은 말을 들으면 어떤 느낌이 드시나요?

부모님에 대한 경쟁심으로 불타오른다?
사랑하는 남편과 경쟁한다?
사랑하는 아내와 경쟁한다?

아주 이상하게 들리지 않나요? 부모님에 대한 불타오르는 경쟁심을 갖고서 자라나는 아이? 사랑하는 아내를 찍어 누르려 노력하는 남편? 상식적이라면 상상하기 힘듭니다. 경쟁하는 부모자식 관계, 경쟁하는 부부관계란 매우 비정상적입니다. 그런 가정을 바라는 사람은 아무도 없습니다.

　사람은 본래 화합하려고 합니다. 인간 본성은 경쟁이 아니라 화합과 협력을 원합니다. 우리는 서로 찍어 누르고 죽여 없애기 위해서 존재하지 않습니다. 인간 본성이 그렇습니다. 국가와 국가 사이는 서로 협력하면 함께 발전합니다. 반대로 경쟁하면 전쟁으로 치달아 서로를 파괴합니다. 국가들이 서로 협력할 때 인류는 발전했습니다. 나라 사이 경쟁이 치열할 때 인류 역사는 퇴보했습니다. 세계대전 시대에 히틀러식 전체주의가 창궐했던 역사를 보면 분명합니다. 역사 속 어디를 바라봐도 그렇습니다. 경쟁은 인간 본성과 맞지 않습니다.

　우리는 경쟁하며 살아갈지 화합하며 살아갈지 선택할 수 있습니다. 경쟁하면서 살기를 선택한다면 경쟁하는 삶을 받게 됩니다. 화합하기로 선택한다면 화합하는 삶을 선물로 받게 됩니다.

　물론 치열한 경쟁 사회 속에서 뒤처지면 패배한 것만 같은 느낌이 들 때가 많습니다. 졸업 후 일자리를 찾지 못한 청년은 치열한 경쟁을 뚫지 못해서 패배한 느낌에 사로잡힐 수 있습니다. 또는 승진에 실패하고 치열한 경쟁을 뚫지 못했기 때문에 실패자가 된 것만 같은 느낌에 사로잡힐 때도 있습니다. **그러나 그때가 바로 경쟁심을 버릴 때입니**

다. 그런 상황에서도 인간 본성, 화합과 협력의 마음을 유지한다면 놀랍게도 훨씬 더 나은 기회가 눈앞에 나타납니다. 우리 인간 본성에 대한 믿음을 저버리지 마시기 바랍니다. 경쟁은 파괴적이고 협력은 발전적입니다.

경쟁자를 죽이려 하지 말고 함께 외형을 확대하고 서로 그 릇을 넓혀갈 수 있어야 한다.

『알면서도 알지 못하는 것들』, 김승호, 스노우폭스북스

제가 14년 동안 머리를 자르고 있는 준오헤어 화정광장점 대표원장 한재우 선생님께 경쟁에 대해서 여쭌 적이 있습니다. 경쟁이 심한 미용업을 경영하는 원장으로서 경쟁 업체를 어떻게 바라보고 계신지 궁금했기 때문입니다.

"바로 옆에 경쟁 헤어샵이 있잖아요? 경쟁 샵이 사라지길 원하시나요?"

한재우 원장님께서 하신 대답이 인상 깊습니다.

"그게 아니죠. 함께 시장을 키워가야 합니다. 경쟁자가 사라지면 잠깐은 좋을 수 있어도 장기적으로는 좋지 않아요. 함께 커나가는 게 모두에게 최선입니다."

머리 자르러 왔다가 놀라운 지혜를 얻곤 합니다.

저 또한 퇴사 후 사업을 하며 소중한 협업자들을 많이 만났습니다. 그들과 2024년에만 협업 프로젝트를 5건 이상 함께 수행하며 성과를 냈습니다. 그런데 저와 협업한 사업가들 모두 경쟁자라면 경쟁자라고 할 수 있는 동종 업종 사업가들입니다. 그러나 저는 그들에 대해서 경쟁심을 가지고 적으로 간주하지 않았습니다. 오히려 먼저 다가가서 협업을 제안했습니다. 그 결과 혼자서는 이루기 힘든 사업적 성과를 거두는 데 성공했습니다.

경쟁을 만드는 불안감

그런데 왜 우리 현실은 그토록 경쟁적으로 보일까요. 현실을 경쟁적으로 만드는 건 마음 속 불안입니다. 저 사람이 가지면 내가 뺏길 거라는 불안감, 저 사람이 이기면 나는 질 거라는 불안감! 이런 불안감이 현실을 경쟁적으로 보이게 만듭니다. 불안은 우리를 현혹하려 농간을 부리는 악마와도 같습니다. 사실 현실은 전혀 경쟁적이지 않습니다. 오히려 이 세상에는 우리에게 필요한 모든 자원이 차고 넘칩니다.

세상의 풍족함을 누리기 위해서는 불안을 버려야 합니다. 불안의 농간을 이겨내야 합니다. **그 첫걸음은 믿음입니다.** 믿음이 전부입니다. 필요한 모든 자원은 이미 풍족하다는 진리를 믿어 의심치 않아야 합니다. 풍족하다고 믿으면 세상은 즉시 풍족해집니다. 부족하다고 믿으면 세상은 즉시 부족해집니다. 풍족함을 믿는 순간 모든 결핍은 풍요로 바뀝니다.

풍족하다는 믿음으로 무장하는 데 성공했다면 그다음 할 일도 중요합니다. **행동입니다.** 믿음을 바탕으로 과감하게 불안감을 이겨내는 행동을 해야 합니다. 예를 들어 이미 풍족하게 가진 사람처럼 베푸는 행동을 해야 합니다. 저도 퇴사하면서 그런 과감한 행동에 도전했습니다. 2023년 7월 1일, 저는 꿈을 이루기 위해 안정적 직장을 제 발로 걸어 나왔다고 말씀드렸습니다. 자연스럽게 고정적 월급이 사라지는 상황이었습니다. 당시 제가 내린 중요 결정 중 하나는 '기부 금액 2배 늘리기.'였습니다. **풍족함에 대한 믿음을 바탕으로 과감하게 기부 금액을 2배로 늘렸습니다.** 퇴사 전에는 1명 아동에게 매월 결연후원을 하고 있었습니다. 퇴사를 하면서 1명에게 더 기부하기로 했습니다. 불안감을 이겨낸 과감한 결정이었습니다. 물론 누군가는 미쳤다고 손가락질할 수도 있습니다. '돈 한 푼 못 번다는 놈이 기부금액을 2배 올린다니?'

그러나 확실하게 말씀드릴 수 있습니다. 그 이후로 제 인생은 모든 방면에서 더 풍족해졌습니다. 풍족함에 대한 믿음은 확실히 통합니다. 이 세상은 결코 부족하지 않습니다. 필요한 모든 자원이 넘쳐흐릅니다. 물론 **풍족함을 누리려면 과감하게 믿고 과감하게 행동해야 합니다.** 풍족함에 대한 믿음으로 무장하고 과감하게 풍족한 행동에 도전해 보시기 바랍니다. 머지않아 태산과 같은 거대한 풍족함이 찾아와 여러분 방문을 두드리는 소리를 듣고 놀라실 거라 장담합니다.

줄 만큼 없다고 생각하더라도 베풀기 시작하라.

『시크릿』, 론다 번, 살림BIZ

경쟁 따위 한 적 없습니다

그래도 무한 경쟁시대에 여기도 경쟁, 저기도 경쟁, 사방이 경쟁투성이인데, 경쟁을 안 하고서는 못 배기겠다고요? 묘안이 있습니다. 경쟁심을 버리고 풍요의 삶으로 나아가는 무적의 비결입니다.

그 비결이란 스스로 과거와 경쟁하기입니다. 남들과 싸우지 말고 과거 나 자신과 경쟁하세요. 그 순간 마음의 평화는 물론이고 행복과 만족, 심지어 무한한 성장과 발전, 그로부터 오는 성취감마저 맛보게 됩니다. 저는 오로지 과거 나 자신과만 경쟁했습니다. 남과 경쟁하려고 해본 적 없습니다. 그래서 제 평생은 폭발적 행복으로 가득합니다. 그 결정적 요인은 남과 경쟁하지 않는 마음이었다고 확신합니다.

고등학생 때는 독립력이 없던 스스로 과거와 경쟁했습니다. 누구나다 그렇겠지만 학생 시절에는 부모님 도움 없이 홀로 독립하기가 힘듭니다. 어렸을 적부터 독립하지 못하는 스스로가 그다지 마음에 들지 않았습니다. 그래서 독립적이지 못했던 내 과거와 경쟁했습니다. 독립적이지 못한 나를 이겨내고자 열심히 공부하고, 일자리를 구하고, 돈을 벌었습니다. 단 한 순간도 옆사람을 찍어 누르기 위해서 공부했던 적 없습니다. 옆사람을 떨어뜨리기 위해 일자리를 구했던 적 없습니다. 옆사람보다 더 많이 벌기 위해서 돈을 벌었던 적 없습니다.

직장을 구해 독립하고 나서도 마찬가지입니다. 좁은 우물에 갇혀 있던 스스로의 과거와 경쟁했습니다. 좁은 우물에서 벗어나기 위해 더욱 열심히 공부했습니다. 퇴근하고는 야간대학원에 다녔습니다. 또 1년 동안 100권 이상 책을 읽었습니다. 그 이유는 스스로를 극복하기 위해서였습니다. 옆 사람보다 나은 학벌을 갖기 위해서 대학원에 간 적 없습니다. 옆 사람보다 더 많이 읽기 위해서 책을 읽은 적은 한번도 없습니다. 퇴사 후 작가로서 새 삶을 살고 있는 지금도 마찬가지입니다. 옆 작가보다 더 많이 팔기 위해서 책을 쓴 적 없습니다. 옆 작가보다 더 좋은 글을 쓰기 위해서 책을 쓴 적도 없습니다. 이런 모든 노력들은 모두 나 자신의 과거와 경쟁해서 스스로를 확장시키기 위해서였습니다. 결코 옆에 있는 누군가와 경쟁해서 그 사람들을 찍어 누르려 했던 적은 단 한 번도 없습니다.

경쟁은 없습니다. 경쟁은 환상입니다. 남과 경쟁해서 이겨야 한다는 생각은 구닥다리 시대 유물입니다. 이겨야 할 사람은 오로지 과거의 자신뿐입니다. 남과 경쟁하지 말고 과거 자신과 경쟁하세요. 그럴 때 마음의 평화, 행복, 성장까지 챙길 수 있습니다.

남과 경쟁은 말 그대로 끝이 없습니다. 지금 옆 사람을 이겨 쓰러뜨리셨나요? 축하드립니다. 그러나 어쩌나요. 내일이면 또 다른 경쟁자가 나타날 텐데요. 심지어 새로 나타난 경쟁자는 이전보다 훨씬 더 까다롭습니다. 뛰는 놈을 쓰러뜨렸다면 이제 나는 놈을 쓰러뜨릴 차례입니다. 경쟁하고자 마음먹으면 경쟁자가 나타납니다. 한 명을 쓰러뜨리면 또 다른 경쟁자가 나타납니다. 경쟁의 무한루프 함정에 빠지게 됩니다. 그런 삶에 평화란 없습니다. 끝도 없고 승자도 없는 싸움은 그만두세요. 스스로 과거와 경쟁하기 시작할 때 인생 평화가 시작됩니다.

과학적이고 확실한 방법으로 부자가 되려면 경쟁의식에서 완전히 벗어나야 한다.

『부는 어디에서 오는가』, 월러스 워틀스, 포레스트북스

5) 세상 행복으로 이끄는 배움

가장 오래가는 배움의 가치

할머니, 일찍 돌아가세요.

만약 예쁜 손녀가 할머니, 할아버지께 위와 같이 인사한다? 충격입니다. 상식적으로는 아래와 같이 인사해야 합니다.

오래오래 건강하게 사세요.

여기서 인간 본성을 하나 포착할 수 있습니다. '오래가는 것'을 소중하게 여기는 마음입니다. 인간이란 금방 사라져 버리는 것보다 오래가는 걸 더 소중하게 여깁니다. 마트에서 우유를 사더라도 같은 가격이라면 소비 기한이 오래 남은 우유를 삽니다. 3년 타다 폐차해야 하는 자동차보다는 10년 이상 탈 수 있는 자동차가 좋습니다. 건강도 마찬가지입니다. '일찍 돌아가세요.' 이런 말이 인사가 아니라 저주로 취급되는 이유입니다. 만약 우리가 금방 사라져 버리는 걸 가치 있게 여기긴다면 할머니에게 일찍 돌아가시라고 인사해야겠지만 우리 마음은 그렇지가 않습니다.

이런 점에서 우리가 평생 하는 수많은 일 중 압도적으로 가치가 높은 일이 하나 있습니다. 바로 배움입니다. 배움은 사람이 하는 일 중 가장 가치가 높습니다. 세상에 배움만큼 오래가는 건 없기 때문입니다. 우리는 평생을 배우며 삽니다. 그리고 그 결과물을 평생 활용하며 삽니다.

사람은 태어나는 순간부터 배움을 시작합니다. 갓난 아기 때부터 부모님에게 사랑의 말을 들으며 언어를 배웁니다. 그리고 걸음을 배웁니다. 학교에 가서는 지식을 배웁니다. 인간관계도 배웁니다. 어른이 되어서도 일해서 돈 버는 방법을 배웁니다. 그러다 부모가 되면 모범적인 부모가 되는 방법을 배웁니다. 우리는 영원히 배움을 멈출 수 없습니다.

그리고 배운 결과물을 평생 활용합니다. 언어를 활용해서 사랑의 말을 하고, 감동적인 편지를 쓰고, 돈을 법니다. 학교에서 배운 수학 지식으로 취직해서 돈을 벌거나 사업을 키우기도 합니다. 즉 우리는 평생 배우는 존재이자 평생 배운 걸 활용하면서 살아가는 존재입니다. 우리 인생에서 배움만큼 오랜 기간 함께 하는 존재는 없습니다. 그래서 배움의 가치는 높습니다. 배움의 가치는 오래가는 정도를 초월해서 영원합니다.

반면 금방 사라져 버리는 것들도 많습니다. 예를 들면 유튜브 스크롤 내리기라든가 게임 중독과 같은 일들이 그렇습니다. 잠깐 만족을 주지만 금방 사라져 버립니다. 오래 지속되지 않기 때문에 가치가 낮습니다. 둘 중에 무엇을 평생 동반자로 삼고 싶으신가요? 평생 기쁨을 주는 배움과 동반자가 되고 싶으신가요? 아니면 1시간만 지나도 후회하게 되는 유튜브 스크롤 내리기와 동반자가 되고 싶으신가요? 우리는 선택할 수 있습니다.

학교 공부한 거, 시험만 보면 다 까먹는데 쓸모 하나도 없어~

이런 말 정말 많이 듣습니다. 학교에서 시험 끝나는 순간 사라지는 단순 암기용 지식을 주로 배우니 그럴까요? 그러나 저는 전혀 다르게 생각합니다. 배움의 끝판왕은 학교 공부입니다. 학교에서 공부한 전 과정은 하나도 빠짐없이 제 인생의 보배와도 같았습니다. 그런 점에서 저는 학교 공부로서 할 수 있는 끝까지 가볼 생각입니다. 박사 과정까지 진학해서 세상에 가치를 더하는 연구를 평생 계속할 겁니다. 인생 중요 사명 중 하나입니다.

박사 학위를 받으려면 억 단위 돈을 써야 할 수도 있습니다. 이렇게 많은 돈을 들여서 공부를 계속하려는 이유는 세상에 도움이 되는 삶을 살고 싶기 때문입니다. 그러기 위해서 대학에서 배우는 전문 지식만큼 필요한 건 없습니다. 대학에서 배우는 지식은 대장(Captain) 지식입니다. 지식 중 최고급 지식입니다. 세상을 발전시키는 건 돈도 아니고, 공장도 아니고, 자동차도 아닙니다. 지식입니다. 그리고 지식 중에서도 학문의 전당인 학교에서 배우는 전문지식이 세상을 바꿉니다. 왜냐하면 학교에서 배우고 학교에서 생산되는 전문 지식은 '과학 지식'이기 때문입니다. 저는 지식을 크게 2가지로 나눕니다.

1. 경험 지식: 개인이 경험으로 배운 지식
2. 과학 지식: 학교에서 배우는 전문 지식

물론 '1. 경험 지식'도 가치가 높습니다. 그러나 한계가 있습니다. 단순 개인 경험에 지나지 않기 때문입니다. 개인 경험을 '과학'이라고 할 수 없습니다. 예를 들어 사과 장수 'A'께서 나름의 장사 경험에서 '사과 장사 매출을 올리는 비장의 지식'을 얻었다고 생각해 봅시다. 그는 장사를 시작한 사업 초기에는 하루에 사과를 10개밖에 못 팔았습니다. 그러나 10년 간 장사하며 나름의 비결을 발견했습니다. 이제는 하루에 100개를 팔 수 있게 되었다고 생각해 봅시다.

이때 사과 장수 'A'가 경험으로 쌓은 장사 지식이 그 당사자인 'A'에게 100% 유용할 거라는 사실은 분명합니다. 그러나 그 지식을 다른 사과 장수 'B'에게 똑같이 전수하면 어떨까요? 'B' 또한 'A'가 알려준 지식을 활용해서 사과 매출을 늘릴 수 있을지 100% 장담할 수가 있나요? 누구도 장담할 수 없습니다. 왜냐하면 A의 지식이 A만 활용할 수 있는지, 다른 사람도 활용할 수 있는지 확실하지 않기 때문입니다. A에게 효과가 있다고 해서 B에게도 효과가 있을 거라는 보장은 어디에도 없습니다. 달리 말하면, A의 장사 지식은 '과학 지식이 아니기 때문에' 확장성이 떨어지는 지식입니다.

반면 학교에서 생산되는 전문 지식이란 한 사람의 범위를 넘어서 여러 사람에게 적용할 수 있는 지식입니다. 다시 말하면 학교에서 다루는 지식은 '과학 지식'입니다. 과학지식은 한 사람의 경험만으로 만들어지지 않습니다. 무수히 많은 사례를 바탕으로 과학적 실험 방법을 거쳐서 정련된 지식입니다.

사과 장수 1명이 개인 경험으로 쌓은 지식

VS

사과 장수 10,000명의 경험을 종합해서 통계적 실험을 거친 지식

학교에서 배우는 지식은 후자입니다. 그래서 상대적으로 활용성이 높은 고급 지식에 속합니다. 대학에서 배우는 지식은 이런 점에서 개인 경험 지식과는 다릅니다. 그렇기 때문에 학교에서 배우는 지식들을 가리켜 시험 한 번 보고서 까먹으면 그만인 잡지식 정도로 치부하는 건 과학에 대한 모욕입니다. 저는 그런 과학 지식의 가치를 체감하기 때문에 억 단위 돈을 들여서라도 공부를 계속하려 합니다.

최고급 지식을 쓰레기로 만드는 악당

이렇게 학교에서 배우는 지식이란 '최고급 과학지식'입니다. 그러나 '시험만 끝나면 다 사라질 뿐인' 쓸모없는 지식으로 치부하는 경우가 많습니다. 도대체 최고급 과학 지식을 전혀 쓸모없는 지식으로 만들어 버리는 악당은 누굴까요.

그건 바로 '배운 사람의 마음'입니다. 배운 지식을 쓰레기로 만들지, 아니면 최고급 자원으로 활용할지는 100% 배운 사람의 마음가짐에 달렸습니다. 웬만한 직장인 1년치 연봉에 버금가는 등록금을 내고 배

운 지식을 쓰레기로 만드는 범인은 본인입니다. 반면 100억 자산가로 향하는 무기로 삼는 것도 본인입니다.

학교 공부가 아무짝에도 쓸모없다는 마음가짐으로 학업에 임하면 실제로 아무짝에도 쓸모없는 쓰레기만 남습니다. 100억짜리 사업 아이디어를 가르쳐 줘도 스스로 쓰레기통으로 내던져 버립니다. 반대로 배운 걸 써먹고자 굳게 마음먹고 학업에 임하면 반드시 인생 역전의 무기로 활용하게 됩니다.

똑같은 학교에서 똑같은 수업을 듣고 똑같은 지식을 배워도 누구는 쓰레기통에 버립니다. 누구는 100억짜리 사업을 만들어냅니다. 차이는 마음가짐에서 나옵니다. 배우려는 마음은 무서운 힘이 있습니다.

직장인 1년 치 연봉에 버금가는 등록금을 그냥 날려버리고 싶으신가요? 짧게는 2년 길게는 10년, 기나긴 대학 시절을 통째로 날려버리고 싶으신가요? 그렇지 않다면 정신 똑바로 차려야 합니다. 내가 배우는 지식들은 하나도 빠짐없이 귀중한 가치가 있다고 확신해야 합니다. 반드시 최고급 지식을 100% 아니, 200%라도 활용하겠다! 굳게 다짐해야 합니다. 배움의 가치를 존중하고 그 가치를 활용하는 삶을 살겠다고 결심하는 순간, 학교 공부는 인생의 무기가 됩니다.

물론 배움과 지식의 가치를 존중하고 활용하려는 마음가짐은 대학에서만 필요한 게 아닙니다. 독서할 때도 똑같이 필요합니다. 책 속 지식은 활용하지 않고 그냥 날려 버리기에는 심각하게 아깝기 때문입니다. 마찬가지로 회사에서 일할 때도 똑같이 필요합니다. 월급이나 받으며 자리만 차지하고 있기에는 회사에서 배우는 실전 지식의 가치가 너무 높기 때문입니다. 이 마음가짐은 심지어 친구들과 모여 떠들 때도 필요합니다. 어떤 친구는 시시껄렁한 농담 따먹기나 한다는 가벼운 생각으로 대화하고 있을 때, 어떤 친구는 그 와중에도 상대방 친구로부터 배울 점이 무엇인지, 배우지 말아야 할 점이 무엇인지 유심히 살피고 있습니다.

　똑같은 학교에 다니고, 똑같은 수업을 듣고, 똑같은 책을 읽고, 똑같은 회사에 다니고, 똑같은 친구를 만나도, 누구는 행복에 겹습니다. 누구는 불행에 치를 떱니다. 그 차이는 아주 작은 마음가짐 차이에서 시작됩니다. 이것이 바로 배우려는 마음의 무서운 힘입니다.

6) 세상도 변하고, 나도 변하고

변해야 하는 이유

오늘이 어제 같고 어제가 오늘 같은 삶은 이미 생명이 죽은 삶이다. 『세이노의 가르침』, 세이노, 데이원

'변화하지 않는 삶 = 죽은 삶'이라는 메시지입니다. 우리는 변화를 중요하게 여겨야 합니다. 그 이유는 '나를 알기 위해서!'입니다. 변하는 자만이 스스로를 압니다. 사람이란 변하는 존재이기 때문입니다. 변화를 피할 수 있는 사람은 없습니다. 나이가 들며 몸이 변합니다. 생각도 변합니다. 학교를 졸업하고, 직장 일을 시작하고, 결혼하고, 여행가고, 경험에 경험을 거치며 변하지 않는 사람은 없습니다. 변화는 사람의 동반자입니다. 따라서 변화를 중요하게 여기지 않으면 정체성을 잃습니다. '나라는 존재'는 1분 1초가 멀다 하고 변하는데 계속 똑같은 사람이라 착각하면 결국 '나'를 잃습니다. 그래서 변화를 끊임없이 생각해야 합니다. 나를 잃지 않는 방법입니다. 우리는 단 한 순

간도 변화로부터 자유로울 수가 없습니다.

변하지 못하는 이유

변화는 중요하지만 어렵습니다. 그래서 우리는 망설이다 변화의 첫걸음을 떼지 못합니다. 내일부터 책 읽고 운동하고 자기계발을 시작하겠다 다짐하지만 항상 말에서 그칩니다. 이유가 뭘까요? **믿음이 없기 때문입니다.** 변화해서 새 삶을 살 수 있다는 믿음이 없기 때문입니다. 그리고 스스로에 대한 믿음이 없기 때문입니다. 저도 이렇게 생각하곤 했습니다.

성공은 타고난 금수저들이나 하는 거지, 나는 안 돼

대기업 회장들처럼 성공해서 세상에 이름 날리는 사람들은 금수저를 물고 태어났을 뿐이라 여겼습니다. 나랑은 전혀 다른 세상 이야기로 치부했습니다. 그러니 무슨 변화를 시도하든 될 거라는 믿음이 있을 수가 없었습니다. 나는 그들처럼 타고난 사람이 아니라고 생각했으니까요.

변화의 방아쇠는 '된다는 믿음'에 있습니다. '나도 된다!'라는 믿음이 생기는 순간 견고하기만 하던 과거 굳어진 인생에 균열이 생깁니다. 믿음이 생기는 때는 언제일까요? 목격했을 때뿐입니다. 나와 비슷한 처지에 있던 사람이 변화를 시도하는 모습을 목격했을 때뿐입니다. 그 시도가 성공한 결과를 두 눈으로 똑똑이 목격했을 때 '나도 되겠구나!'라는 믿음이 생깁니다.

변화할 수 있다는 믿음을 가지려면 모임에 참여해 봅시다. 나와 비슷한 처지였지만 변화를 시도해서 성공한 사람은 세상에 많습니다. 그리고 그런 사람들이 모인 모임도 세상에 많습니다. 퇴사 후 창업해서 인생 역전하고 싶다면 사업가들이 모인 모임에 참여해 봅시다. 그들의 성공 스토리를 직접 전해 들을 수 있습니다. 책 읽고 인생을 바꾸고 싶다면 자기계발 독서모임에 참여해 봅시다. 책에서 얻은 배움을 실천해서 인생 역전을 이끌어낸 수많은 사람들이 기다리고 있습니다.

요즘에는 비대면 모임도 많습니다만 2% 부족합니다. 성공한 사람을 눈 앞에서 보고 그 사람과 직접 대화를 나눠봐야 합니다. 사람은 직접 경험에서 가장 느끼는 게 많습니다. 눈 앞에서 본 것은 믿는 게 사람입니다. 그러면서 '나도 되는구나!'라는 믿음이 점차 마음 속으로 스며듭니다.

물론 겨우 한두 번 모임 참여로는 부족합니다. 1년 이상 꾸준히 모임에 참여하면서 수십 명 사례를 직접 목격하는 충격 속에서 믿음이 생깁니다. 그 믿음이 인생역전으로 이어지는 행동 변화를 이끌어냅니다.

저항을 이겨내는 법

변화 시도는 항상 저항에 부딪힙니다. 특히 가장 가까운 사람들의 저항이 가장 큽니다. '퇴사하고 사업에 도전하겠다!' 선포하면 사람들이 어떻게 반응할까요? 가족이고 친구고 직장 동료고 가까운 사람 중 90%는 반대하고 나섭니다. 친한 친구들은 심지어 비웃기도 합니다. 회사 동료들은 엉뚱한 생각하지 말라고 회유합니다. 등 따숩고 아늑한 회사에서 될 때까지 뻐기라고 조언합니다.

가장 압권은 가족들 저항입니다. '회사에 어떻게 들어갔는데 나오려고 하냐?'부터 시작해서 '내가 네 뒷바라지하느라고 얼마나 고생했는지 알면서도 그러냐?', '네가 그러면 가족은 누가 챙기냐?'에 이르기까지, 온갖 거대한 저항에 부딪히게 마련입니다. 이런 상황에서 우리는 어떻게 대처해야 할까요? 그런 저항은 주로 선의의 탈을 쓰고 있습니다. 그래서 쉽게 뿌리치기도 힘듭니다.

가장 먼저 해야 할 일은 당연한 얘기지만 대화입니다. 서로 입장을 털어놓고 이야기해 보기가 우선입니다. 그런데 대화에서 해결되면 좋겠지만 그렇지 못한 경우가 훨씬 많습니다. 특히 자녀의 커리어 변화를 두고 벌어지는 부모 자녀 갈등은 대화로는 택도 없는 경우가 많습니다. 대화로 결론 나지 않으면 어떻게 해야 할까요? 꿈을 포기해야 할까요? 아닙니다.

단 하나에 주목하면 충분합니다. **확신입니다.** 대화로 해결할 수 없는 저항이 있을 때는 확신이라는 단어 하나만 챙기면 됩니다. 모두의 저항을 뚫고서 내 뜻을 밀어붙였을 때 잘될 거라는 확신이 있나요? 가족들이 하는 걱정대로가 아닌 내 뜻대로 펼쳐질 미래를 확신하시나요? 확신이 있으면 직진입니다. 뒤돌아보지 마세요. 무조건 직진입니다. 확신이 있으면 결과로 보여주면 되기 때문입니다. 성공한 결과를 보여주면 모든 걱정과 의심은 한방에 해소됩니다. 확신이 있다면 절대 뒤돌아보지 마세요. 어디에도 한눈팔지 마시기 바랍니다.

밀어붙이고자 하는 그 꿈이 마음이 정말로 원하는 꿈인가요? 그렇다면 확신이 생길 수밖에 없습니다. 마음이 원하지 않으면 확신이 생길 수 없습니다. 확신은 그대로 현실이 됩니다. 수영 초보자가 물에 들어가면 빠질 거라 믿고서 실제로 물에 빠지듯이, 미래 희망을 향하는 모든 확신은 현실이 됩니다. 확신의 힘으로 무장하고 진짜 원하는 그 삶을 향해 나아가시기 바랍니다.

7) 허벅지 분쇄골절, 3달 걷지 못하고 깨달은 것

19살, 수능이 코앞이던 고3 때 일입니다. 오른쪽 허벅지 뼈가 조각 조각 바스라졌습니다. 병명은 우측 대퇴골 분쇄골절! 어두운 밤에 학교 마치고 스쿠터 배달 아르바이트를 하다가 부주의한 운전자에게 치였습니다. 3달 동안 걷지 못하고 입원해 있을 정도로 큰 교통사고였습니다. 머리를 세게 부딪쳤는지 아직도 사고 당시는 전혀 기억이 나지 않습니다. 희미한 기억에는 응급실 천장의 밝은 흰 불빛만이 남아있습니다. 응급실 들것에 누워 급박하게 실려갈 때 병원 천장에서 내리 쬐던 희미한 흰 불빛입니다. 이때가 인생 최대 시련이었습니다.

그런데 놀랍게도 이때 허벅지 뼈가 바스라져 걷지도 못했던 경험은 제 인생에서 가장 중요하고 고마운 사건이 되어버렸습니다. 저는 이 사고 덕분에 세상에서 가장 행복한 1인이 됐습니다. 병원에 입원해 있으며 3가지 선물을 받았기 때문입니다.

인생 사명 · 감사 · 행복

1. 인생 사명 발견

저는 인생을 그냥 살기보다는 나름대로 정한 '사명'에 따라서 삽니다. 그 사명이란 '세상에 도움이 되는 사람되기.'입니다. 이 사명은 제가 하는 모든 일의 뿌리입니다. 이토록 중요한 인생 사명을 발견한 계기가 바로 다리를 다친 경험이었습니다. 큰 사고이기는 했지만 다행히 3달만 걷지 못했을 뿐 후유증 없이 완치할 수 있는 부상이었습니다. 그런데 잠깐이나마 걷지 못하는 입장에 처해보니 이런 생각을 하게 됩니다.

'태어날 때부터 다리에 장애가 있어
평생을 걷지 못하는 사람들은 얼마나 힘들까?'

짧게나마 그들의 입장이 되어봤기 때문에 그 고통이 마음 깊이 느껴졌습니다. 그러다 보니 장애가 있거나 어려움에 처한 사람들을 도우며 살 수 있다면 참 좋은 인생이 되지 않을까, 그런 생각을 하게 됐습니다. 그때부터 저는 '세상에 도움이 되는 사람이 되자!'라고 마음먹었습니다. 이때가 인생 사명을 발견한 순간이었습니다.

2. 만사에 감사하는 마음

걸을 수 있다는 사실 자체가 눈물겹도록 고맙습니다. 누군가는 태어날 때부터 평생 걷지 못하는 몸으로 태어나기도 합니다. 그런데 나는 걸어서 산책을 할 수도 있고, 계단을 내려갈 수도 있고, 여행을 할 수도 있고, 일을 할 수도 있습니다. 걸을 수 있는 인생은 그 자체가 선물입니다. 이 선물이 얼마나 고마운지 눈물 날 지경입니다. 비슷하게 오늘 저녁을 먹을 수 있다는 사실, 내일 점심을 먹을 수 있다는 사실에 대해서도 고맙습니다. 지금 동네 도서관에서 글을 쓰고 있습니다. 이렇게 좋은 도서관을 돈 한 푼 안 내고 무료로 이용할 수 있다는 사실 또한 도저히 믿기지 않을 정도로 고맙습니다. 이렇게 세상만사에 눈물 나게 감사하는 태도는 제 삶의 기본이 됐습니다. 만약 3달 동안 걷지 못하는 경험을 하지 않았더라면 과연 이렇게 세상만사에 대해서 감사하는 마음을 가지는 태도를 장착할 수 있었을까요? 절대 그렇지 않았을 거라 생각합니다.

3. 압도적 행복

세상만사에 고마운 마음은 자연스럽게 행복으로 이어집니다. 주위 어디를 둘러봐도 감사할 것투성이인데, 인생이 행복하지 않을 수가 없습니다. 제가 스스로를 '세상에서 가장 행복한 1인'이라 자신 있게 말할 수 있는 근본이 여기 있습니다. 이 행복은 평범한 행복이 아닙니다. 압도적 행복입니다.

닥치는 고통은 사람을 더 나아지게 만듭니다. 허벅지 뼈가 조각조각나 걷지도 못했던 그때 시절들이 결국에 세상에서 가장 행복한 사람으로 살아갈 수 있도록 저를 도왔습니다. 그 고통으로부터 사명, 감사, 행복을 얻었습니다. 이 3가지는 제가 삶에서 받은 가장 큰 선물입니다.

사는 게 힘들어지는 이유: 고통에 대한 오해

인생, 생각대로 잘 풀리지 않는 경우가 많나요? 아니면 모든 게 생각대로 술술 잘 풀릴 때가 많나요? 물론 술술 풀리기만 하는 인생을 모두가 원합니다. 그러나 녹록지 않습니다. 항상 시련이 들이닥칩니다. 사람의 운명입니다. 1년 동안 팔 벌리면 양쪽 벽에 손이 닿는 고시원에 처박혀서 시험공부를 죽도록 해도 시험 점수가 바닥일 때가 있습니다. 춥고 배고픈 취준생으로 3년 넘게 죽도록 취업 준비를 했지만 면접마다 번번이 탈락할 때도 있습니다. 사고를 당하거나 알 수 없는 이유로 건강이 안 좋아질 때도 있습니다. 우리 주위에는 평생 고통이 함께합니다. 우리는 왜 평생 시련에 부딪히면서 살아갈 수밖에 없을까요? 모든 게 술술 풀리기만 하면 얼마나 좋을까 싶습니다.

그 이유는 고통을 겪으며 사람은 더 나아지기 때문입니다. 고통을 많이 겪으면 겪을수록 사람에게 좋습니다. 시험에 떨어진 사람은 시험 점수를 더 높이기 위해서 노력합니다. 취업에 실패한 사람은 다음 면접을 더 철저히 준비하게 됩니다. 건강이 나빠진 사람은 더 열심히 운동합니다. 고통을 겪으며 사람은 더 나아집니다. 더 좋은 사람이 되어갑니다. 우리를 도와주는 고마운 존재입니다. 이것이 고통의 존재 의미입니다.

그러나 이렇게 고마워해야 할 존재를 우리는 종종 오해합니다. 고마워하기는커녕 나를 괴롭히는 못된 존재로 여깁니다. 당장 괴롭기 때문입니다. 잠깐 괴로움만 견디면 머지않아 더 나아진 자신을 만날 테지만 찰나의 고통을 견디기가 어렵습니다. 우리는 미래 과실을 생각하기보다는 닥친 고통에 훨씬 민감합니다. 시험에 떨어졌을 때 더 열심히 공부해서 결국 합격한 자신을 상상하며 기뻐하지 않습니다. 당장 낙방의 슬픔에 잠기곤 합니다. 취업에 실패했을 때 더 좋은 회사에서 일할 스스로의 모습을 상상하며 기뻐하지 않습니다. 탈락의 좌절에 빠지곤 합니다. 이렇게 우리는 고통에 대한 오해에 시달립니다.

오해하지 않으려면 어떻게 해야 할까요? 방법은 유일합니다. '앎'입니다. 유일한 해결책은 '고통의 의미를 정확하게 알기'밖에 없습니다. 오직 '아는 것' 그뿐입니다. 지식은 우리를 행복으로 끌어줍니다. 고통이 왜 닥치는지, 이겨내면 어떻게 되는지, 이겨내지 못하면 어떻게 되는지, 정확한 지식으로 무장하는 수밖에 없습니다. 알면 즐겁고 모르면 괴로울 뿐입니다. 이것이 지식의 힘입니다. 우리가 평생 공부를 해야 하는 이유입니다.

종종 이런 생각을 하곤 합니다. '사는 게 왜 힘들까?' 해답은 '오해'하기 때문입니다. 그리고 오해하는 이유는 모르기 때문입니다. 올바른 지식이 없다면 오해합니다. 나를 도와주는 고마운 존재인 고통에게 고마워하기는커녕 미워하고 저주하게 됩니다.

배은망덕하기 그지없는 태도입니다. 모르면 배은망덕해집니다. 시험에서 떨어진 의미가 뭘지, 취업에 실패한 의미가 뭘지, 건강이 안 좋아진 의미가 뭘지, 사고를 당한 의미가 뭘지, 그 숨은 뜻이 뭘지 정확하게 알아야 합니다. 세상에 배은망덕한 사람으로 남고 싶지 않다면 말입니다.

5장

세상에서 가장 행복해지는 필수 습관

1) 독서가 밥 먹여주나

마음, 영혼, 육체, 희망, 꿈, 야망, 지능, 사랑처럼 참으로 가치 있는 것은 모두 공짜입니다.

『세상에서 가장 이상한 비밀』, 얼 나이팅게일, 나라

최근에 지인과 이런 대화를 나눴습니다.

어떻게 사람들이 책을 안 읽을 수 있을까요?
정말이지 미스터리 중 미스터리입니다.

도서관에 가면 한 사람 생명을 구할 수 있을 정도로 귀중한 지식을 공짜로 배울 수 있습니다. 단돈 2만 원만 내면 지구를 박살 낼 정도로 파괴적인 핵무기 만드는 방법도 배울 수 있습니다. 그런데 미스터리입니다. 사람들은 책을 안 읽습니다. 거의 100%에 가까운 질문의 해답은 책에 있는데도 말입니다.

태어나서 가장 잘한 일이 무엇이냐? 누군가 묻는다면 1초의 망설임도 없이 이렇게 대답합니다. '책 읽는 습관입니다.' 제가 하는 모든 일의 뿌리에는 독서가 있습니다. 공무원 퇴사를 마음먹은 계기도 독서였습니다. 무자본 창업한 계기도 독서였습니다. 지금 이 책을 쓰게 된 계기도 독서였습니다. 독서는 저를 세상에서 가장 행복한 사람으로 만들어줬습니다. 독서는 위대한 습관입니다.

'독서가 밥 먹여주냐?'라고 물어볼 수도 있습니다. **단언합니다. 독서가 밥 먹여줍니다.** 돈 벌기는 독서를 통해 이룰 수 있는 일 중 아주 쉬운 편에 속합니다. 퇴사 후 1년 동안 맨땅에 헤딩으로 사업을 시작해서 돈을 벌었습니다. 단기간에 비용을 한 푼도 들이지 않고 돈을 벌 수 있게 해준 일등공신은 독서였다고 단언합니다.

21세기는 지식이 돈이 되는 시대입니다. 시간당 얼마, 시급형 노동으로 돈 버는 시대는 지났습니다. 남들에게 도움이 되는 지식을 내어주면 돈을 벌 수 있습니다. 재미없는 글을 재밌게 만드는 글쓰기 지식이 있으면 돈을 벌 수 있습니다. 왜냐하면 재미있는 글을 쓰고 싶은 사람에게 그 지식이 도움이 되기 때문입니다. 사람들은 자기한테 도움이 되는 일에 돈을 씁니다. 그리고 지식을 얻는 가장 좋은 방법은 누가 뭐라고 해도 독서이기 때문에 독서는 돈이 됩니다.

물론 독서를 통해 눈에 띄는 효과를 얻기 위해서는 시간이 필요합니다. 그러나 많은 분들께서 조급하십니다. 한 권 읽은 결과를 바로 내일 보려고 하기 때문입니다. 독서의 위력은 그렇게 빠르게 나타나지 않습니다. 1년 이상 꾸준히 책을 읽는 인내를 발휘해야 합니다.

머리가 토할 것 같다!

퇴사를 전후로 1년 동안 죽도록 책을 읽었습니다. 세어보니 132권입니다. 그렇게 책을 읽어대니 특이한 느낌이 들었습니다. 머리가 토할 것 같은 느낌이었습니다. 더이상 책만 읽지 말고 뭐라도 해야겠다는 강한 의지가 저절로 솟구쳤습니다. 그때부터 손에 잡히는 성과가 나타나기 시작했습니다. 1년도 채 지나지 않아서 전자책을 7권 썼습니다. 종이책 2권 분량의 원고를 썼습니다. 출간 계약에도 성공했습니다. 독서모임, 책 쓰기 모임, 1:1 코칭 사업, 강연 활동도 시작했습니다. 어떻게 그럴 수 있었느냐? 묻는다면 대답하는 데 0.1초도 필요 없습니다. 이 모든 성과의 뿌리는 독서입니다.

결코 10권, 20권 정도 읽고 인생이 변하지 않습니다. 1년간 100권, 그 이상도 너끈히 읽어내는 강한 인내를 발휘해야만 눈에 띄는 변화를 이끌어낼 수 있습니다. 식스팩 복근을 만들려면 1년 이상 꾸준히 운동해야 합니다. 독서도 마찬가지입니다. 겨우 몇십 권 읽고 눈에 띄는 변화를 바라는 태도는 하루 운동하고서 식스팩이 생기기를 바라는 태도나 다름없습니다. 세상에서 가장 행복해지기 위해서 1년에 100권 이상 책을 읽어보시기 바랍니다. 독서를 향한 열정은 절대 여러분을 배신하지 않습니다.

2) 100억짜리 사업 아이디어 포획하는 습관

글쓰기, 돈 버는 아이디어 포획

냉장고에 우유와 계란이 다 떨어졌습니다. 장 보러 가서 냉장고를 채울 때가 됐습니다. 마트에 갔습니다. 그런데 초코파이도 집고, 감자 칩도 집다 보니 내가 뭘 사러 마트에 왔는지 잊어버렸습니다. 괜히 빙 글빙글 마트를 돌다가 집에 돌아옵니다. 아차! 집에 돌아와서야 뒤늦 게 깨닫습니다. 정작 사려 했던 우유와 계란을 깜빡했다는 사실을요. 다이소에서도 비슷합니다. 집에서는 '다이소 가서 양말도 사고, 수건 도 사야겠다!' 마음먹지만, 막상 다이소에 가면 '내가 뭐가 필요했더 라?' 까먹습니다. 집에 돌아와서야 뒤늦게 스스로의 어리석음을 한탄 합니다. 이런 현상을 가리켜 저는 다이소의 함정이라고 부릅니다. 이 렇게 함정에 빠지는 이유가 뭘까요? 글로 써놓지 않았기 때문입니다. 글로 쓰이지 않은 생각은 항상 휘발됩니다.

눈에 보이지 않는 생각은 한순간에 놓쳐버리기 십상입니다. 계란과 우유를 사러 마트에 갈 때, 미리 메모해두지 않으면 엉뚱한 초코파이와 감자칩을 사오고서 후회합니다. 2시간 전에 먹은 점심메뉴도 잊어버릴 정도로 우리 기억은 불완전합니다.

깜빡한 기억이 계란과 우유 사오기 정도면 그나마 다행입니다. 그러나 우리가 깜빡하는 기억 중에는 100억짜리 사업 아이디어도 있습니다. 사람 뇌는 하루에만 6만 가지 생각을 떠올린다고 합니다. 한 달이면 180만 가지, 1년이면 2,160만 가지입니다. 이 정도 양이면 나를 100억 자산가로 탈바꿈해 줄 신의 아이디어도 100% 껴있습니다. 100억짜리 아이디어는 항상 주위에 맴돌지만 무심한 우리가 놓칠 뿐입니다.

그런 아이디어를 포획해서 인생 역전을 이루기 위해서는 어떻게 해야 할까요? 글쓰기 습관만이 유일한 해답입니다. 글쓰기는 인생 역전! 신의 아이디어를 포획해서 현실에 써먹기 위한 최고 수단입니다.

블로그에 매일매일 글을 쓴 지 1년 반, 지금까지 1,000개가 넘는 글을 블로그에 썼습니다. 이 1,000개 글에는 지난 1년 반 동안 제 머릿속에 떠오른 모든 아이디어가 녹아들어가 있습니다. 평범한 공무원이던 제가 1년 만에 사업으로 자립할 수 있었던 비결도 여기에 있습니다. 책을 읽으면서 섬광처럼 사업 아이디어가 떠오르곤 하는데요.

나는 독서를 좋아하니까, 책 읽기가 어려운 분들을 위해서
독서모임을 만들어서 사업화해 보자!

책을 쉽게 쓰는 노하우도 있으니까,
책 쓰기 모임, 책 쓰기 코칭도 사업화해 보자!

이런 아이디어들은 떠오른 즉시 글로 붙잡아 놓지 않으면 한낱 꿈에 불과합니다. 그러나 글로 포획한 아이디어는 금방 현실화할 수 있습니다. 만약 이런 아이디어들을 블로그 글쓰기로 붙잡지 않았다면 어떻게 됐을까요? 저는 아직도 공무원으로서 구청에서 열심히 키보드를 두드리고 있을 게 분명합니다.

『생각하라 그리고 부자가 되어라』의 저자 나폴레온 힐은 갑자기 찾아오는 아이디어를 가리켜 '무한지성이 넘겨주는 영감'이라고 합니다. 영감은 번갯불과 같습니다. 번쩍! 떠오릅니다. 그리고 번쩍 떠올랐듯 번쩍! 사라집니다. 떠오른 즉시 글로 써놓지 않으면 물거품처럼 사라져버립니다. 우리는 매일같이 무한지성이 넘겨주는 영감을 선물로 받고 있습니다. 그 가치는 로또 1등 당첨금보다도 높습니다. 그러나 우리는 그 귀한 선물을 헛되이 날리고 있습니다. 글로 써놓는 습관이 없기 때문입니다. 글쓰기 습관을 들이셨나요? 축하드립니다! 여러분은

무한지성이 넘겨주는 100억짜리 사업 영감을 현실화할 채비를 마치신 겁니다.

누구나 글 쓰는 시대

내가 글을 쓴다니?

'글은 문예창작과를 졸업한 전문 작가나 쓰는 거 아닌가?'라고 생각하실 수 있습니다. 그러나 세상이 바뀌었습니다. 초등학생도 책을 내는 시대입니다. 블로그, 브런치스토리와 같은 글쓰기 플랫폼도 있습니다. 마음만 먹으면 당장이라도 인터넷에 글을 쓸 수 있습니다. 물론 글 쓰는 데 돈도 안 듭니다.

기록해서 특별한 게 아니라 기록하면 특별해진다.

『나는 매일 블로그로 출근한다』, 한혜진, 경이로움

'누구나 글을 쓰고, 심지어 책도 쓸 수 있구나!' 블로그에서 1년만 활동해도 체감할 수 있습니다. 블로그는 글 위주 SNS인 만큼, 글쓰기와 책쓰기에 관심 있는 사람들이 많은데요. 그 중에서 작가로 데뷔하는 경우도 많습니다. 주부, 회사원, 선생님, 변호사, 승무원 등 대부분이 글과는 전혀 관련 없는 인생을 살던 분들이십니다. 저도 대표적인 사례입니다. 불과 1년 전만해도 '내가 평생 책을 쓸 수 있을까?' 의심하던 1인이었습니다. 그러나 이렇게 작가가 되는 데 성공했습니다. 이 세상에 글을 못 쓰는 사람은 없습니다.

도대체 뭘 써야 하나?

물론 처음에는 뭘 써야 하는지 떠오르지가 않습니다. 누구나 다 그렇습니다. 처음부터 글감이 많은 사람은 없습니다. 글감은 찾아내고 만들어내면 충분합니다.

글쓰기 초보자에게 가장 좋은 글감 찾기 팁은 독서입니다. 뭔가 머릿속으로 들어가야 나오기도 합니다. 책을 읽으면서 다른 사람의 생각을 재료로 삼아봅시다. 그 재료를 나름대로 요리해서 내 글로 뽑아낼 수 있습니다. 가장 쉬운 글쓰기 방법을 하나 안내하겠습니다. 책 내용 중 인상깊은 구절을 일단 그대로 옮겨 써봅시다. 그리고 그 구절을 읽고 떠오른 내 생각을 이어서 쓰면 쉽게 하나 글을 완성할 수 있습니다. 내용이 마음에 들면 마음에 든다, 싫으면 싫다, 남 눈치 보지 말고 내 생각을 솔직히 쓰면 충분합니다. 예를 들어 이 책을 읽으면서 이렇게 글을 쓸 수 있습니다.

책 내용: 잘 맞지 않는 공직 사회에서, 한 걸음 더 나아가 공직 사회뿐만 아니라 잘 맞지 않는 어떤 직장에서든 고민하시는 모든 분들이 이 이야기에서 희망을 찾으시기를 바라는 마음으로 글을 적습니다.

내 생각: '책 『MZ 공무원은 도대체 왜 퇴사할까?』 저자는 많은 직장인들에게 희망을 주기 위해서 책을 썼다고 한다. 그런데 지까짓 게 뭔데 희망을 주네 마네 떠드는지 황당하다. 이따위 책은 라면 받침으로나 써야겠다.'(죄송합니다. ;;;)

이런 식으로 생각을 쓸 수 있습니다. 물론 책 내용이 마음에 들면 다음과 같이 쓸 수도 있겠죠.

책 내용: 잘 맞지 않는 공직 사회에서, 한 걸음 더 나아가 공직 사회뿐만 아니라 잘 맞지 않는 어떤 직장에서든 고민하시는 모든 분들이 이 이야기에서 희망을 찾으시기를 바라는 마음으로 글을 적습니다.

내 생각: '책 『MZ 공무원은 도대체 왜 퇴사할까?』의 저자는 공무원을 퇴사하고 창업했다고 한다. 나는 저자가 부럽다. 왜냐하면 나도 창업을 하고 싶은데, 용기가 없기 때문이다. 책을 읽고 나도 희망을 찾았으면 좋겠다.'

글의 생명은 솔직함입니다. 책 읽으면서 떠오르는 생각을 그저 솔직하게 쓰면 됩니다. 이 방법으로 시작하면 쉽게 글쓰기 습관을 잡을 수 있습니다. 어렵게 생각하지 않아도 됩니다.

독서량이 10권, 20권 쌓이고 글도 10개, 20개 쌓이면 어느 순간부터는 책을 읽지 않고도 글로 쓰고 싶은 아이디어가 떠오르기 시작합니다. 그러면 이제 책으로부터 독립할 때입니다. 책 뒤에 숨지 않고 당당히 고유한 내 생각을 쓸 때입니다. 1년, 2년, 글쓰기가 습관으로 잡혀서 순수한 내 생각 글이 쌓이기 시작하면 어느 순간 내 이름이 걸린 책을 내고 싶은 욕심이 생깁니다. 그 욕심은 머지않아 베스트셀러 작가가 되어 세상에 이름을 떨치겠다는 야망으로 발전할 겁니다. 야망으로 이루지 못할 건 이 세상에 없습니다. 여러분들도 베스트셀러 작가의 야망을 품으시기 바랍니다.

글은 공개적으로

애써 글을 썼다면 나만 읽지 말고 블로그에 써서 만천하에 공개합시다. 그래야 글쓰기 실력을 폭발적으로 향상할 수 있습니다. 나만 보는 글만 써서는 우물 안 개구리 수준을 벗어날 수 없습니다. 인터넷에 공개적으로 글을 쓰면 내 글을 읽어주는 독자가 하나둘씩 늘어납니다.

독자들이 댓글로 의견을 남겨주기도 합니다. 모두 피가 되고 살이 되는 자산입니다. 글 내용에 공감하는 독자들은 내 팬이 되어 응원의 메시지를 남겨주기도 합니다. 이런 응원은 글을 쓰는 원동력이 되기도 합니다.

글을 공개적으로 쓰면 독자의 반응 추이를 살피며 내 글이 발전하고 있는지 체크할 수도 있습니다. 조회수가 많을수록, 댓글이 많이 달릴수록 독자 반응이 좋다고 볼 수 있습니다. 이렇게 독자 반응을 눈여겨보며 꾸준히 글을 쓰다 보면 어느 순간 글을 어떻게 써야 독자 반응이 좋은지 감이 생깁니다.

'사진을 첨부하니까 조회수가 잘 나오는구나!'

'글씨체를 크게 하고 줄간격을 넓게 하니까 조회수가 높게 나오는구나!'

또는

'내 얘기만 쓰니까 사람들이 반응이 없네!'

'독자들이 관심 있는 내용을 쓰니까 댓글이 많이 달리는구나!'

'독자들은 무엇에 관심이 있을까?'

이런 과정을 거치며 글 실력이 폭발적으로 발전합니다.

저는 중학생 시절부터 노트에 혼자만 보는 글을 끄적끄적 쓰곤 했습니다. 그러나 나만 보는 글은 다른 사람의 반응을 관찰할 수 없었기 때문에 발전이 없었습니다. '이게 진짜 글쓰기구나!'라는 느낌을 처음 받은 때가 2022년 블로그에 공개적으로 글을 쓰기 시작하면서부터입니다. 글을 세상에 널리 퍼뜨려서 독자들과 함께 성장할 수 있습니다.

물론 그러기 위해서 독자에게 도움이 되는 글을 써야 합니다. 함께 읽을 가치가 있는 글을 써야 합니다. 공개적으로 글을 쓰다 보면 저절로 독자에게 도움이 되는 글을 쓰기 위해서 노력하게 됩니다. 그 과정에서 글 실력이 절로 향상됩니다.

글쓰기, 히드라적 매력

아무리 100억짜리 아이디어를 포획할 수 있다고 강조해도 글쓰기란 너무 어려워서 나는 할 수 없다고 생각하는 분이 많습니다. 그러나 글쓰기의 매력을 체험하는 순간 쓰기 싫어도 저절로 글을 쓰는 자신을 발견하고 놀라게 됩니다. 글을 많이 쓰다 보니 느낍니다. 글쓰기의 마성적 매력! 이른바 '히드라적' 매력입니다.

히드라라고 하면 아마 80~90년대생 분들은 게임 '스타크래프트'의 히드라리스크로 생각하시는 경우가 많을 텐데요. 지금 말씀드리는 건 그 히드라가 아닙니다. 그리스 로마 신화에 나오는 괴수 히드라입니다. 머리가 9개 달렸는데 하나의 목을 베면 그 자리에서 2개의 새로운 목이 자라난다고 하는 괴수 히드라! 그 신화를 들어보셨는지 모르겠습니다.

그리스 로마 신화의 괴수 히드라

글쓰기는 히드라 머리와도 비슷합니다. 글 하나를 쓰면 2개, 그 이상 글감이 떠오릅니다. 책을 안 쓰는 사람은 있어도 한 권만 쓰는 사람은 없다는 말이 있습니다. 그 이유가 바로 글쓰기의 히드라적 매력 때문입니다. 이 책 원고를 쓰면서 떠오르는 글감을 블로그에 임시저장해놨습니다. 그 개수가 200개에 달합니다.

이 글을 모두 써내면 책으로만 5권이 넘어갈 분량입니다.

블로그라든가 브런치스토리와 같은 글쓰기 플랫폼에서 꾸준히 글을 쓰는 분들은 공통적으로 말씀하십니다.

'세상에 글쓰기만큼 재밌는 일은 없었다!'

술, 담배, 게임, 수많은 유흥들이 있습니다. 그 중 어떤 유흥도 히드라적 매력으로 무장한 글쓰기의 중독성을 뛰어넘을 수는 없습니다. 글쓰기는 어렵지 않습니다. 솔직한 마음을 담아서 하나둘씩 쓰다 보면, 어느 순간 쓰고 싶은 글이 폭발적으로 늘어가는 시기가 반드시 옵니다.

3) 압도적 건강, 압도적 행복의 습관

아마추어 수준이긴 하지만 운동 경력이 꽤 됩니다. 초등학교 4학년 때부터 학교 친구들과 축구를 시작했습니다. 점심시간마다 전신을 땀으로 적셔가며 축구하던 기억이 새록새록합니다. 그 시기에 아버지와 달리기도 시작했습니다. 중학생이 되어서는 웨이트 트레이닝, 20대가 되어서는 수영도 시작했습니다. 재미 들린 운동을 20년이 지난 지금까지 최소 주 1회 이상 꾸준한 습관으로 장착했습니다.

꾸준한 운동 습관을 통해 2가지 압도적 이득을 취할 수 있습니다. **첫째, 압도적으로 건강해집니다.** 투잡을 뛰며 하루 18시간씩 일해도 멀쩡했습니다. 퇴근하고 대학원에서 새벽 3시까지 공부해도 멀쩡했습니다. **둘째, 압도적으로 행복해집니다.**

운동으로 행복해지는 경로

운동 → **성취** → **자신감** → 행복

꾸준한 운동은 위와 같은 흐름으로 우리에게 행복을 선사합니다. 운동을 하며 1. **성취감**을 맛봅니다. 그리고 2. **자신감**을 획득합니다. 이때 획득한 자신감은 운동 이외 모든 분야까지 확장됩니다. 좋아하는 이성에게도, 학교 친구들에게도, 직장 상사에게도 자신 있게 말을 걸 수 있습니다. 공부에도 자신감이 생깁니다. 결국 무슨 일을 하든 성과가 폭발할 수밖에 없습니다. 성과의 폭발은 결국 압도적 행복으로 이어집니다.

제가 좋아하는 달리기로 성취감을 맛보는 과정을 한번 자세하게 풀어보겠습니다. 초등학교 4학년부터 아버지와 경기도 일산 호수공원 한바퀴 뛰기를 즐겼습니다. 거리는 약 5km입니다. 물론 웬만한 초등학생 체력으로는 5km 한바퀴를 다 뛰지 못합니다. 어렸을 때는 반 바퀴만 뛰어도 죽겠더군요. 아직도 그 어린 시절의 기억이 생생합니다. 아빠와 함께 뛰는데 힘들어 죽겠는데도 멈추는 건 좀 쪽팔렸습니다. 그래서 멈추지 못했는데요. 그러다가 결국에는 완전히 힘이 빠져서 멈출 수밖에 없었던 추억! 기진맥진해서는 다짐했습니다.

그래도 언젠가 한 바퀴를 완주하고야 말겠다!

결국! 초등학교 졸업할 무렵이 되니 5km를 완주할 수 있게 되었습니다! 처음으로 한 바퀴를 완주했을 때의 기쁨과 성취감이 아직도 잊히지 않습니다.

수영도 마찬가지입니다. 생초보가 처음 수영을 배우면 숨이 차서 현관문부터 엘리베이터 정도 거리도 전진하지를 못합니다. 초보자 강습반에서는 두 발자국 거리만 전진할 수 있어도 박태환급 영웅으로 추앙받습니다. 그 정도 생초보 시절에는 '일단 한 바퀴(50m)라도 완주해 보자!' 목표를 세웁니다. 목표는 자연스럽게 격정적 연습으로 이어집니다. 그렇게 50m 완주하는 데 성공하면 그 다음에는 100m입니다. 그리고 결국 100m를 완주하면 다시 1,000m까지! 이렇게 점점 목표가 확장되고 목표를 달성하기 위해 피 토하는 노력을 지속하게 됩니다.

이렇게 운동 세상에 발을 담근 사람은 자연스럽게 '목표설정 → 성취' 무한루프 인간이 됩니다. 그 과정에서 자신감이 격하게 높아지는 놀라운 현상을 겪습니다. 운동을 하며 고공행진한 자신감은 운동 이외 모든 분야에서 연료가 됩니다. 학교성적, 대인관계, 취업면접, 직장 프레젠테이션 등, 어떤 일을 하더라도 고급 휘발유를 먹인 스포츠카와 같이 초고속 성취에 이르게 됩니다. 운동의 무서운 파괴력입니다. '목표 설정 → 성취' 무한루프 인간으로 살아보고 싶지 않으신가요? 운동을 시작하시기 바랍니다.

4) 어려운 습관, 평생 쉽게 이어가는 비결

발전의 힘

독서, 글쓰기, 운동, 3가지 습관은 인생 핵심과제입니다. 이 3가지 이외 다른 일들은 부수적 과제에 지나지 않습니다. 왜냐하면 이 3가지 습관만 평생 유지할 수 있으면 나머지 모든 건 저절로 해결되기 때문입니다. 독서는 어떤 삶을 살아야 하는지 답을 줍니다. 찾은 답을 실현하기 위해서 무엇을 어떻게 해야 하는지 구체적 전략까지 몽땅 알려줍니다. 글쓰기는 독서의 결과물을 차곡차곡 정리하는 작업입니다. 운동은 실행하는 힘을 줍니다. 이 3가지면 세상 만사가 절로 풀립니다. 하지 않으면 심각한 손해입니다.

그러나 안타깝게도 독서, 글쓰기, 운동은 치킨 뜯으며 넷플릭스 보기, 또는 게임하며 시간 때우기와는 사뭇 다릅니다. 머리에 쥐가 나고 손이 가지 않습니다. 그래서 웬만한 의지가 아니고서는 오래도록 꾸준하게 이어가기가 힘듭니다.

그러나 다행히도 저는 1년 이상 꾸준히 잘 해내고 있습니다. 그 비결은 단연 흥미입니다. 독서든 운동이든 글쓰기이든 결코 억지로 한 적이 없습니다. 재미있었기 때문에 오래도록 꾸준히 할 수 있었습니다. 또 앞으로도 평생 죽는 날까지 이어갈 수 있다고 확신합니다.

그 힘든 일을 재밌게 하는 방법은 뭘까요? 간단합니다. **'더 잘하는 방법 찾기'**입니다. 책 읽을 때도, 운동할 때도, 글 쓸 때도 항상 더 잘하는 방법을 찾아봅시다. 사람이란 '발전'에서 가장 강한 재미를 느끼는 동물입니다. 똑같은 책을 읽더라도 더 효율적으로 읽는 독서법이 무엇인지 고심하며 읽어봅시다. 포스트잇으로 표시하면서 읽는 게 더 나은가? 아니면 노트를 만들어서 필기를 하면서 읽는 게 더 나은가? 발전을 도모하는 전략입니다.

운동도 마찬가지입니다. 똑같이 30분 달리기를 하더라도, '힘을 덜 쓰는 방법이 뭘까?', '30분보다 더 오래 달리려면 어떻게 뛰어야 할까?', '발 앞꿈치를 먼저 디디는 게 더 좋을까?', '발뒤꿈치를 먼저 디디는 게 더 좋을까?' 발전을 향해갑니다.

일단 흥미를 맛보면 오히려 포기하기가 더 힘들어집니다. 그때부터는 누가 말려도 뿌리치고 바득바득하게 됩니다. 나도 모르는 사이 어린 시절 동네를 뛰어노는 어린아이처럼 즐겁게 책 읽고 운동하고 글 쓰는 나를 발견하고 놀라게 됩니다.

세상 만사가 그렇습니다. 회사 일도 2시간 걸릴 일을 1시간만 들여서 할 수 있는 개선법을 찾아내는 자세로 임하면 날이 갈수록 일이 재밌어집니다. 발전을 느끼기 때문입니다. 사람은 발전지향적 존재입니다. 이런 인간 본능을 활용하면 머리에 쥐 나는 독서습관도 평생 쉽게 이어갈 수 있습니다.

아무 생각 없음의 힘

발전을 위해서는 아무 생각이 없어야 할 때도 있습니다. 의외라고 생각할 수도 있습니다. 자기발전이란 철저한 자기관찰과 체계적인 계획이 뒷받침돼야 겨우 성공할까 말까 한 것 아니었던가? 물론입니다. 그러나 때로는 아무 생각 없음의 힘을 잘 활용해야 할 때도 있습니다.

공무원으로 일하면서 대학원 공부를 병행하던 때 이야기입니다. 직장 일과 공부, 두 마리 토끼를 잡기 위해서는 살인적 스케줄을 소화해야 했습니다. 시험기간에는 새벽 3시까지 학교 도서관에서 공부하고 아침 8시까지 출근해야 했습니다.

심한 피로가 누적되면 멘탈이 취약해집니다. 악마가 나타나서 유혹하기 시작합니다. 악마의 유혹이란 예를 들면 이렇습니다. **'오늘만 쉬어! 하루 정도 쉴 수 있잖아?'**

저녁 6시 퇴근 시간이 다가오면 저는 녹초가 되어 고뇌하기 시작합니다. 주차장으로 터덜터덜 걸어가서 차에 앉아 핸들을 잡고 출발합니다. 그리고 주차장 출구에 이르기까지 10초도 되지 않는 짧은 시간에 마음 속에서는 천사와 악마가 싸움을 벌입니다. 악마는 이렇게 속삭입니다.

오늘만 학교 가지 말고, 집으로 가서 쉬어!

그러면 반대편에서 천사가 이렇게 말합니다.

그러면 안 되지!
퇴근하면 꼭 학교 가서 공부하기로 스스로 약속했잖아?
너, 그거밖에 안되는 의지박약이었냐?

퇴근길 주차장에서 천사와 악마가 매일같이 옥신각신 싸움을 벌입니다. 항상 주차장이 싸움터가 되는 이유는 주차장을 나오자마자 나오는 갈림길에서 핸들을 어느 방향으로 돌릴지가 그날 하루를 결정하기 때문입니다. 왼쪽으로 핸들을 돌리면 학교로 가는 길로 이어지지만 오른쪽으로 핸들을 돌리면 집으로 가는 길로 이어집니다. 악마의 속삭임에 굴복하면 저는 핸들을 오른쪽으로 돌려 집으로 향하고 그날 공부는 끝입니다.

대학원 다니던 2년 6개월 동안 천사와 악마의 싸움을 지켜본 끝에 악마의 속삭임을 이겨내는 비결을 깨우쳤습니다. 바로 '아무 생각 없음의 힘'입니다. 퇴근 길에서 자동차에 시동을 걸고 주차장 출구를 빠져나올 때까지 아예 아무런 생각을 하지 않는 전략입니다.

퇴근 후 학교로 가는 나를 가로막는 '악마의 속삭임', 그 뿌리는 자꾸만 불쑥불쑥 떠오르는 쓸데없는 생각들입니다.

'오늘은 길이 좀 막히니까,
학교 가봐야 공부할 시간도 없을 것 같은데…'

'오늘은 일이 너무 바빠서 좀 피곤한데,
학교 가봤자 졸기나 할 것 같은데…'

'내일은 행사 때문에 일찍 출근해야 되는데,

오늘까지 학교에 가야 되나….'

쓸데없는 핑곗거리는 매우 다양하고 끝도 없이 떠오릅니다. 그 최선의 대응 방법은 '**생각 원천 봉쇄**'였습니다.

아예 아무 생각하지 말고, 무조건 간다!

가서 단 1분만 공부를 하든, 졸아서 공부를 하나도 못하든, 내일 아침 7시까지 출근을 해야 하든, 다 필요 없다! 그냥 무조건 학교로 간다! 이 전략으로 살인적 스케줄을 성공적으로 소화하고 대학원 석사과정을 잘 마쳤습니다. 이 경험에서 얻은 교훈이 바로 '아무 생각 없음의 힘'입니다.

성공하기 위해서는 철저한 생각으로 철저한 계획을 수립해야 합니다. 그러나 모든 경우에서 그렇지는 않습니다. 어느 순간에는 아무 생각 없이 스스로 하고자 하는 바를 밀고 나가야 하는 때도 분명 있습니다.

생각을 멈춰야 하는 때는 언제일까요? 중요한 결단을 내린 직후입니다. 중요한 결단에 이르기까지 과정 중에는 심사숙고해야 합니다. 그러나 결론에 이른 순간부터 불필요한 생각을 비워냅시다. 이제는 실행에 집중할 때입니다. 결단을 믿고 밀어붙일 때입니다. 생각을 비워낸 맑은 머리로 불도저가 되어 결단을 밀고 나가면 그 길 끝에는 성공이 여러분을 반기고 있습니다.

나가는 말

공무원 여러분, 존경합니다. 여러분은 한 분도 빠짐없이 남을 위해서 일하는 사람들이기 때문입니다. 새벽 3시에 당직실에서 대기하는 공무원 여러분, 존경합니다. 폭설이 내릴 때 주민들에게 염화칼슘을 나눠주는 공무원 여러분, 존경합니다. 태풍 예보에 24시간 비상대기하는 공무원 여러분, 존경합니다. 코로나19 사태 때 방역 작업에 참여한 공무원 여러분, 존경합니다. 산불 예방 비상대기 근무하는 공무원 여러분, 존경합니다.

여러분 덕분에 새벽 3시에도 골목이 환합니다. 여러분 덕분에 폭설이 내려도 편하게 출근할 수 있습니다. 여러분 덕분에 태풍이 몰아쳐도 피해가 없습니다. 여러분 덕분에 전대미문의 감염병 코로나19에 감염돼도 금방 회복할 수 있습니다.

남을 위하는 일은 가장 고귀합니다. 남을 위하는 일은 세상을 지탱하는 일이기 때문입니다. 세상은 남을 위하는 사람 본성 때문에 유지됩니다. 여러분 모두가 그 자리를 지키고 있기 때문에 세상이 유지됩니다. 공무원 여러분은 한 분도 빠짐없이 세상을 지탱하는 사람입니다. 그래서 존경합니다. 공무원이라는 직업은 위대합니다. 남을 위하는 위대한 일을 하는 공무원 여러분 모두 자부심을 가지셨으면 합니다. 저도 짧게나마 그런 위대한 일을 한 스스로에게 자부심을 느낍니다.

저는 결코 공무원이라는 직업이 별로이기 때문에 퇴사하지 않았습니다. 단지 저 비티오, 김은수라는 개인은 공직세상 밖에서 더 밝게 빛나기 때문에 퇴사했습니다. 그럼에도 불구하고 퇴사 후 사업가로서의 삶도 공무원으로 일하던 시절에 중요하게 여기던 기본 정신을 그대로 이어갑니다. 왜냐하면 사업가로서 해야 하는 임무 또한 공무원으로서 해야 하는 임무와 정확하게 같기 때문입니다.

사업가는 많은 사람들을 도와서 세상을 더 나은 곳으로 만드는 사람입니다. 사업의 본질은 남을 위하는 도움에 뿌리를 둡니다. 공무원들이 국민을 위해서 새벽 당직실을 지키고, 폭설과 태풍에 대비하고 코로나19와 싸우듯이, 사업가들은 사업을 확장해 돈을 벌고 기부하고 자선단체를 세우고 학교를 설립합니다. 이런 점에서 사업가와 공무원은 본질적으로 임무가 같습니다. 저는 퇴사했지만 앞으로 평생 할 일의 정신적 뿌리는 여전히 공무원 시절에 있습니다.

이 책을 읽으신 공무원 여러분 모두 남을 위해 존재하는 스스로에게 존경을 보내셨으면 합니다. 세상을 위해 존재하는 스스로의 모습에서 깊은 가치를 느끼셨으면 합니다. 고맙습니다.

공직 생활을 함께한 은평구 공무원 여러분 감사합니다.

김시완 은평구 보건소장 위선옥 보건위생과장
이기철 위생안전팀장 이정국 건강환경팀장 최영순 공중위생팀장
이성준 주무관 김병만 주무관 김영상 주무관
김성기 주무관 이승현 주무관 김효정 주무관
정하림 주무관 이지혁 주무관

★ 비티오 북콘서트 초대권 ★

"비티오 작가와의 만남!
이 티켓 한 장만 있다면 가능합니다."

참여 시 해당 티켓을 필수로 지참해 주세요.
실물 티켓만 인정됩니다.

BOOK
CONCERT